中华创世神话研究工程
系列丛书

中华创世神话图像编

上海市社会科学界联合会 组织编写

伏羲女娲创世神话图像谱系

THE PICTORIAL GENEALOGY OF
FUXI AND NÜWA'S CREATION MYTHS

王均霞 著

上海人民出版社

# 编写说明

　　由上海市社会科学界联合会组织实施的中华创世神话学术研究工程是"开天辟地——中华创世神话"文艺创作与文化传播工程的重要组成部分，是弘扬中华优秀传统文化的一项基础性工作，是打造上海文化品牌的一项重要内容。

　　自 2017 年以来，在中共上海市委宣传部的指导下，在上海市哲学社会科学规划办公室的支持下，上海市社会科学界联合会积极联系国内相关领域的专家学者深入开展专题研究，在上海市哲学社会科学规划课题的研究基础上，集中研究力量和学术资源，推出了中华创世神话研究工程系列丛书。

　　本丛书旨在通过整理编纂各民族中华创世神话资料，研究和梳理中华创世神话脉络和体系，讲好中华创世神话故事，探索中华文明之源，弘扬中华民族精神，为中华文化培根固源，为中华民族塑魂铸魂，为今后学术研究、文艺创作提供参考。

　　本丛书的编纂得到上海社会科学院、上海交通大学、华东师范大学、上海大学、上海政法学院等单位学者的鼎力支持，也得到中国社会科学院、北京师范大学、华中师范大学等单位专家的大力帮助。

上海市社会科学界联合会

2020 年 12 月

# 序

　　中华创世神话叙事传承在历史上有三种主要形式：一是语言文字的叙事形式，二是仪式行为的叙事形式，三是图像物象的叙事形式。在文字还没有发明的时候，图像就是一种重要的跨越时空的记录形式与叙事形式，人们通过图像讲述着世界上发生的故事和他们浪漫想象的故事。

　　我们所熟悉的盘古开天地的故事，完整的语言文字叙事其实直到三国的时候才记录下来。但是，至少在东汉时期，四川的文翁石室，即所谓汉时讲堂，就画了三皇五帝，以及盘古开天辟地的故事。这些绘画故事声名远扬，从蜀中传到江南的建业都城。东晋时期的王羲之还托人去临摹，意图传承其中的绘画元素。东汉时期，一篇叫《鲁灵光殿赋》的文章里面记载，鲁灵光殿里绘有一组中华创世神话系列图像，其中有一幅重要的图画常常被忽视，在赋中是如此描述的："上纪开辟，遂古之初。"显然，此处图画的内容当是盘古开天辟地的故事。可见，在文字并没有很好记载的时代，图像已是一种独特的叙事系列。可惜，无论是四川的文翁石室，还是鲁灵光殿壁画，我们今天已经见不到了，这是非常遗憾的事。

　　《鲁灵光殿赋》中所描述的"伏羲鳞身，女娲蛇躯"为人们所熟知，但是描绘这些形象的图像传到唐代就比较少了，后来渐渐被人们淡忘。宋代马麟画了一幅伏羲的图像，是一位圣哲在画八卦，从此画八卦的伏羲占据了伏羲图像的主流地位。直到那些埋在地下的汉代的画像石、砖，以及唐代的伏羲女娲图像绢画被发掘出来，向我们展示了伏羲女娲的龙蛇之躯之后，我们方才恍然大悟。然而唐宋以后，伏羲女娲故事的主流题材却又是兄妹婚故事，可见图像叙事并没有很好地表现这些内容。秦汉隋唐伏羲女娲图像传播的时代，语言则讲述伏羲画卦，可见图像叙事与语言叙事并不同步，前者亦是文化多样性的重要构成形式。

图像是一种可视符号，对于文化的传承和认同具有独特的意义。图像的稳定性要比口头传播可靠性高，因此对于文化统一性的作用更为突出。神话学研究经常会提到的"语言疾病说"，实际上是对于神话的口头表达之不可靠性的一种深刻认识。"语言疾病"是神话演变的现象，但是并不意味着那是一件好事。鲁鱼亥豕是一种信息混乱，所以图像的优越性在一定程度上高于口头语言，这是事实。图像的跨越语言障碍的意义更是有效的文化传播的保障，在全球化的今日，其价值更为突出。

历史上我们很重视语言文献，相对来说对于图像文献则重视不够。近年来中外神话学者都对神话图像研究倾注了很大精力，图像叙事与图像分析是其中关注得比较多的问题。但是，像创世神话这样重要的图像问题，我们仍然重视不足。尤其在一种将中国神话视为残丛小语的错误认识下，神话图像也被认为是凌乱的，因此，创世神话的图像研究也是零散的。

当中华创世神话严整的、丰富的谱系性构成问题被揭示，创世神话的图像谱系问题也被严肃地提出来了。图像叙事虽只是神话叙事的形式之一，但图像的丰富性与多样性远远超出了传统的认识视野。在上海市"中华创世神话文艺创作工程"之"学术研究工程"的支持下，我们开展了中华创世神话的田野调查与研究，灿烂的中华创世神话图像恢弘地呈现在我们面前。这些图像既有古远的创世神图像元素的不朽传承，也有历史上世世代代的人民群众的创造，更有当代社会对于创世神话的创新性发展。所以，我们乐于将这些图像与世人分享，更乐意以文化谱系观对这些图像予以系统研究与整理，分享我们的神话观念。无论是文艺创作、审美欣赏，还是神圣敬仰、文化认同，这一中华创世神话图像谱系研究系列，都将是对于中国神话的一次大规模的探索与资源呈现。这不仅是为了中国人的文化自豪感建设，更是为世界人民增添一种文化自信：就像中国神话推助中华民族伟大复兴一样，世界上古老的神话资源一定能够将人类带向美好的未来。

田兆元　毕旭玲

2021 年 9 月 25 日于上海

# 目 录

# 第一章　伏羲女娲创世神话图像谱系概说

伏羲女娲创世神话是中国创世神话体系的重要组成部分。从人们日常生活实践的角度来看，该创世神话的叙事方式十分多元，不仅包括为人们所熟知的口头叙事，还包括相关的图像叙事与仪式行为叙事等。就神话图像叙事而言，对伏羲女娲创世神话图像的研究，目前主要集中在以汉画像石为代表的考古图像，当代丰富的伏羲女娲创世神话图像则尚未进入研究者的视野，[1]因而无法形成对该创世神话图像的谱系性关照。有鉴于此，本文不揣浅陋，尝试整体性地勾勒伏羲女娲创世神话图像的演进谱系与类型谱系。

关于伏羲的最早记载，大致出现在战国时期，《易·系辞下传》《管子·封禅篇》《轻重戊篇》《荀子》《庄子》《大宗师》《胠箧》《缮性》《田子方》《尸子》《商君书》，以及《左传》《楚辞》《战国策》等均有提及。[2]关于女娲的最早记载，目前所见是在《楚辞·天问》中。而伏羲、女娲的名字同时出现，则是在汉代典籍《淮南子·览冥》篇中。

伏羲女娲的视觉形象的源头，现在无法确知。但先秦文献《楚辞·天问》中"女娲有体，孰制匠之"的发问，就涉及女娲形象。东汉王逸注说，屈原被放逐

---

① 就笔者目力所及，目前仅见田兆元等著《中华创世神话人物图像谱系》一书以及孙伟伟博士学位论文《"图像场域"视角下的当代女娲图像研究——以河北邯郸地区为考察中心》涉及较多当代伏羲、女娲创世神话图像。参见田兆元、唐睿、毕旭玲：《中华创世神话人物图像谱系》，上海人民出版社2020年版；孙伟伟：《"图像场域"视角下的当代女娲图像研究——以河北邯郸地区为考察中心》，北京师范大学博士学位论文2021年。

② 参见闻一多：《伏羲考》，载闻一多：《神话与诗》，上海人民出版社2005年版；刘惠萍：《伏羲神话传说与信仰研究》，陕西师范大学出版社2013年版。

以后，"忧心愁悴，彷徨山泽，经历陵陆……见楚有先王之庙及公卿祠堂，图画天地山川神灵，琦玮谲诡，及古贤圣怪物行事，周流罢倦，休息其下。仰见图画，因书其壁，呵而问之，以泄愤懑，舒泻愁思"。①若果真如此，屈原这一问则很有可能跟祠庙中的女娲画像有关。王延寿《鲁灵光殿赋》中说，"伏羲鳞身，女娲蛇躯"。王延寿虽为东汉人，但其所描写的却是西汉遗迹。②可见，早在汉魏时期，伏羲、女娲图像就已经出现在祠庙中了。发展至今，伏羲女娲图像与相关的典籍记载、口承神话及不同的时代背景等相勾连，逐渐形成了与过去有密切联系又具有鲜明的当下特征的神话图像谱系。

# 一、伏羲女娲图像演进的时间谱系

尽管对于伏羲女娲的视觉形象渊源尚无定论，但其视觉形象的确切表达以墓室祠堂绘画中的伏羲女娲图像最为直观与璀璨却是毋庸置疑的。墓室祠堂绘画中的伏羲女娲目前最早可溯至战国时期长沙曾侯乙墓出土的帛画。该帛画上方人首蛇身的形象被一些学者认定为伏羲。③不过，伏羲女娲图像的大量发现，还是在汉代。汉墓绘画中人首蛇身的伏羲女娲图像表达传统影响深远，之后在魏晋南北朝时期、隋唐时期的墓室绘画中发现的伏羲女娲图像都与这一传统一脉相承。宋元明清时期，书籍中出现的伏羲女娲插图日渐丰富。发展到近现代，我们能够看到的伏羲女娲的视觉表达形式在继承传统的同时也更趋多元复杂。

## （一）两汉时期的伏羲女娲神话图像

两汉时期，关于伏羲、女娲的典籍记载为数不少。这些记载不仅呈现了伏羲、女娲的主要创世功绩，还描绘了伏羲、女娲的容貌。就创世功绩而言，我

---

① （东汉）王逸撰、黄灵庚点校：《楚辞章句》，上海古籍出版社 2017 年版，第 67 页。

② 参见闻一多：《伏羲考》，载闻一多：《神话与诗》，上海人民出版社 2005 年版。

③ 参见孙作云：《长沙马王堆一号汉墓出土画幡考释》，《考古》1973 年第 1 期；钟敬文：《马王堆汉墓帛画的神话史意义》，《中华文史论丛》1979 年第 2 辑。

们大致可知伏羲的主要创世功绩包括创制八卦、结网罟以教人渔猎①、作历法②等，女娲的主要创世功绩包括炼五色石以补苍天、断鳌足以立四极、杀黑龙以济冀州、积芦灰以止淫水等③。就伏羲、女娲容貌而言，典籍记载中多有伏羲、女娲人首蛇身的记载。例如，《列子》中说，"庖牺氏、女娲氏、神农氏、夏后氏，蛇身人面、牛首虎鼻"。④前引屈原《楚辞·天问》中的"女娲有体，孰制匠之"的发问，王逸注说，"传言女娲人头蛇身，一日七十化"。⑤

汉代流传下来的伏羲、女娲图像主要出现在汉代墓室祠堂绘画中。在这里，伏羲、女娲延续了人首蛇身的面貌，但图像表达却较少涉及以上提及的各项具体功绩，⑥而是以手执规矩的方式总括了。⑦另外，在墓室绘画中，伏羲、女娲还常擎/抱日、月，这是伏羲、女娲分别作为日、月之神的体现，也是当时人们阴阳观念的投射。⑧

汉代的墓室祠堂绘画，可上溯至长沙战国时期楚墓的帛画，主要集中在西汉晚期到东汉，⑨其表达形式包括壁画、画像石、画像砖、绢画、麻布画等，以画像石为多。伏羲女娲是汉代墓室祠堂绘画中最为常见且艺术表达形式极具特色的一对神话人物。据过文英统计，截至2007年，发表、载录于正式出版物之中的伏羲女娲汉墓画像就已经超过了200幅，这些画像分布于山东、江苏、安徽、四川、北京、河南、陕西、山西、云南等地。⑩汉墓绘画中，伏羲、女娲通常作为对偶神出现，均为人首蛇身，呈交尾状或分离

---

① （魏）王弼、韩康伯注，（唐）孔颖达等正义，黄侃经文句读：《周易正义》，上海古籍出版社1990年版，第168页。

② （汉）赵君卿注、（北周）甄鸾重述、（唐）李淳风注：《周髀算经》，商务印书馆1937年版，第1页。

③ 《览冥训》，载（汉）刘安等编著、（汉）高诱注：《淮南子》，上海古籍出版社1989年版，第65页。

④ （晋）张湛注，（唐）卢重玄解、（唐）殷敬顺、（宋）陈景元释文，陈明校点：《列子》，上海古籍出版社2014年版，第71页。

⑤ （东汉）王逸撰、黄灵庚点校：《楚辞章句》，上海古籍出版社2017年版，第78页。

⑥ 目前仅见山东嘉祥武梁祠的一幅伏羲女娲画像题字中明确提及"伏戏仓精，初造王业，画卦结绳，以理海内"。

⑦⑧ 参见陈履生：《神话主神研究》，紫禁城出版社1987年版等。

⑨ 参见孟凡人：《吐鲁番十六图时期的墓葬壁画和纸画略说》，载赵华编：《吐鲁番古墓葬出土艺术品》，新疆美术摄影出版社1992年版，第5页。

⑩ 参见过文英：《论汉墓绘画中的伏羲女娲神话》，浙江大学博士学位论文2007年。

状。不过，人首蛇身并非判断画像为伏羲、女娲的唯一依据，汉墓绘画中有许多人首蛇身的形象，但他们并不都是伏羲、女娲。画像中人物手中持物也是重要的确认依据。概而言之，伏羲、女娲手中所持之物，标志性的有规、矩和／或日、月，还有仙草、灵芝、华盖等。在持规、矩的伏羲女娲像中，通常伏羲持规、女娲执矩，但伏羲持矩、女娲执规的也不在少数。在执日、月的伏羲女娲画像中，又有举日月、抱日月两种，一般伏羲抱／举日，女娲抱／举月。还有一种是伏羲、女娲同时执规矩、日月。伏羲持规抱日，女娲持矩抱月。在这些画像中，日月均呈圆形，区别在于日中通常有三足乌，月中则有蟾蜍等。

### （二）魏晋南北朝至隋唐时期的伏羲女娲神话图像

目前所见魏晋南北朝时期至隋唐时期的伏羲女娲神话图像仍然以墓室绘画为主，但这些墓室绘画的发掘地点主要集中在河西地区的酒泉、嘉峪关、张掖、敦煌等地，东北的高句丽地区，以及新疆的阿斯塔那与哈拉和卓地区。在这些地区，伏羲、女娲图像的物质载体也不以画像石为主，而以画像砖、棺板画、壁画、绢画与麻布画等为多。

河西一带墓室绘画中的伏羲女娲图像主要集中在魏晋十六国的墓室中，① 以画像砖和棺板画为主。在人物形象上，伏羲、女娲仍主要以对偶神的形式出现，二者均为人首蛇身，手持规矩，举／抱／持日月。东北高句丽地区的墓室绘画主要集中在吉林集安一带。自公元 4 世纪中期开始，吉林集安地区的墓室壁画兴起，并一直持续到六世纪中期。② 吉林集安五盔坟中的伏羲女娲壁画有代表性。壁画中，伏羲女娲均为人首蛇身，伏羲举日轮，日中有三足乌，女娲举月轮，月中有蟾蜍。新疆阿斯塔纳与哈拉和卓地区的伏羲女娲画像主要属于麹氏高昌时期和唐代西州时期，质料为绢、麻，一般用木钉钉在墓室顶部，画面朝下，还有一些被折叠包好置于死者身旁。③ 这些伏羲女娲画像均为人首蛇身，四目相对，蛇尾相交，上身合为一体，或内侧临近双手勾颈／环腰，下身合穿喇叭口短裙，或

---

① 参见王晰：《甘肃考古发现的伏羲女娲图像整理》，西北师范大学硕士学位论文 2015 年。

② 参见过文英：《论汉墓绘画中的伏羲女娲神话》，浙江大学博士学位论文 2007 年。

③ 参见孟凡人：《吐鲁番出土的伏羲女娲图》，载赵华编：《吐鲁番古墓出土艺术品》，新疆美术摄影出版社 1992 年版。

伏羲衣裙在前遮住女娲身体；伏羲执规，有的还有墨斗，女娲执矩；伏羲女娲头部中间画日、尾部中间画月，日均为圆形，月有的为圆形，有的为月牙形，周围饰以星辰。在面部特征和服饰上，表现出清晰的胡人特征。如伏羲、女娲高鼻深目，伏羲戴维吾尔族花帽。

整体来说，这一时期墓室绘画中的伏羲女娲图像延续了汉代中原地区墓室绘画中的伏羲女娲图像风格，这其中有一脉相承性。研究者推测，吐鲁番的伏羲女娲图，很可能是"从山东、徐州一带经河西走廊而逐步传到吐鲁番的"，河西地区成为伏羲女娲图像传入吐鲁番地区的一个十分重要的中间环节（中间站）。[①]这倒是把中原、河西和吐鲁番的伏羲女娲画像连接了起来。而吉林集安一带的伏羲女娲画像风格也与汉族人口的迁徙有很大关系。[②] 不过，这些墓葬绘画在整体上保留汉代中原地区画像传统的同时，也表现出明显的地域特征。这突出表现在伏羲、女娲画像的面部特征与服饰上，是伏羲、女娲形象与当地地方文化特征相融合的结果。

另外，除了墓室绘画中的伏羲女娲图像之外，这一时期也陆续出现了其他形式的伏羲女娲图像，并表现出与墓室绘画迥异的特征。例如，东晋顾恺之所画《洛神赋图》中，女娲梳整齐的高髻，衣袂飘飘，裙带之下，露出短而有力的兽足而非蛇尾。墓室绘画中，伏羲、女娲的生理性别通常不明显，区分他们通常要靠服饰与发饰。但在《洛神赋图》中，女娲有非常鲜明的女性特征，包括服饰在内，美的视觉特征是凸显的。另外，南北朝时期画家张僧繇所画伏羲完全脱离了兽形而变成须眉人物。画像中的伏羲、神农似在交流，伏羲为完全的人形，眉毛、胡须、头发皆银白，着宽袖长袍，手持葫芦，神色平静地望向神农氏，似在倾听神农氏说话。

### （三）宋元明清时期的伏羲女娲图像

这一时期流传下来的伏羲女娲图像整体上脱离了墓室绘画中的伏羲女娲图像的表达方式而展现出新的特征。伏羲、女娲各自独立，不再作为对偶神出现，墓

---

① 孟凡人：《吐鲁番出土的伏羲女娲图》，载赵华编：《吐鲁番古墓出土艺术品》，新疆美术出版社1992年版，第20页。

② 参见过文英：《论汉墓绘画中的伏羲女娲神话》，浙江大学博士学位论文2007年。

室绘画中经常出现的伏羲女娲执规矩、举/抱日月等特征也日渐消失，取而代之的是更具体地呈现其各自创世功绩的伏羲、女娲图像，而且，伏羲、女娲较从前具有了更明显的男女生理性别特征。

在单独的画像卷轴中，一些图像中的伏羲是相貌端正的人形，一些图像中伏羲面容怪异或头上长角，这些图像通常都被与太极八卦联系在一起。例如，宋代马麟所作《伏羲图》中的伏羲穿兽皮端坐于旷野中，面色凝重，似在沉思，其身前是一幅八卦图和一只正向他爬去的小乌龟。女娲柔美的女性生理特征常常被强调，其行为常与炼石补天联系在一起。例如，清代画家任伯年所画《女娲炼石图》中，女娲坐于耸立的石山前，皮肤白皙，神色冷峻，衣裙交叠堆积似乱石，与面前的石山相呼应，裙尾露出小小一截蛇尾。

随着印刷技术的进步，许多涉及神话、圣人的书籍中也出现了诸多关于伏羲、女娲的插图。与专门的艺术绘画相比，这些图像主要承担着展示文字所表达的叙事情节的功能。例如，《盘古至唐虞传》中，伏羲几近兽面，人身，配合相关文字描述，多幅图像逐一展示了其画阴阳八卦、教民书法等创世功绩；而女娲则为妇人形象，图像画面依次展示了其炼石补天、诛杀共工氏等创世功绩。同时也可能受雕版印刷技术的限制，图像画面线条通常简单粗糙，伏羲女娲的男女生理性别特征也不甚明显。

除此之外，还有一些寺庙壁画图像中也包含伏羲、女娲。这里的伏羲、女娲更具神灵的特征，其形象通常为正常的人，画面呈现与其创世功绩关系不明显。例如，河北石家庄毗卢寺的元代壁画中，伏羲、女娲与神农诸神一起出现，伏羲树叶披肩，蓄须，正与神农倾耳交谈，画面中还有一女性（被认为是女娲），双手合掌，微微低头，面有慈悲之色。[1] 山西新绛稷益庙的明代壁画中，与神农氏、轩辕氏一起出现的伏羲居于画像的正中，蓄八字胡须，头戴冕旒，呈帝王形象。[2]

### （四）民国以来的伏羲女娲图像

民国以来，我们所能见到的伏羲、女娲图像形式日趋多元。纸本平面图像如

---

[1] 《中国寺观壁画全集·元代寺观水陆法会图》，广东教育出版社 2011 年版，图版第 180—181 页。

[2] 《中国寺观壁画全集·元明清神祠壁画》，广东教育出版社 2011 年版，第 22 页。

年画、名家绘画、插图、连环画、邮票，寺庙／广场塑像、寺庙／街头壁画、手工剪纸／布贴画，甚至动画，等等。在内容表达上，伏羲、女娲虽然有时会一起出现，但不再如墓室绘画中所表达的那样作为对偶神出现，而主要根据其创世功绩来描绘，成为各自独立的神灵。

在纸本平面图像中，尤值得一提的是自民国时期开始走向成熟的连环画中的伏羲女娲图像。这些连环画通常分别讲述伏羲、女娲的创世神话，而且关于女娲的创世神话连环画似乎远多于伏羲的。在关于女娲的连环画中，讲述的通常是女娲补天和抟土造人两个故事。连环画中的女娲形象整体上都是容貌秀美的女性，仅有少数突出女娲的力量而不修饰其容貌。在几乎所有连环画封面图像中，女娲都是长发飘飘，着简单的树叶衣，或色彩艳丽、衣袂飘飘的裙装，有的保留了人首蛇身的形象，多数则为完全的人形。在行动上，主要凸显其炼石补天或抟土造人的创世功绩。画面充满了美感和动感。而在关于伏羲的连环画中，伏羲多数为完全的人形，一些头发或披散或挽起，衣饰整齐，也有一些下半身着短兽皮裙，上身赤裸，露出充满力量感的肌肉，仅有少量是头上长短角的。在行动上，图像主要突出其结网、画卦等创世功绩，也有一些涉及伏羲的出生与成长。

在纸本平面图像中，还有不少与伏羲、女娲有关的年画。在这些年画中，伏羲主要出现在纸马中，以完全的人形坐像为主，他们或头上生角，或头顶凹陷，多着树叶衣或兽皮衣，手持太极八卦。女娲则主要出现在装饰性年画中，或人首蛇身，或完全的人形，形象俊美，不似伏羲仍有很多面部特征保持了某种异象。在行动上，女娲或补天或斩黑龙等。

寺庙或文化广场中也不乏伏羲、女娲塑像。目前各地伏羲庙、女娲庙数量繁多，随着中国传统文化的复兴，各地相关广场中的伏羲、女娲塑像也日益增多。寺庙塑像中，作为受人祭拜的神灵的伏羲、女娲多为完全的人形。伏羲通常披黄袍，头上生角，神色威严，手执八卦；女娲则凤冠霞帔，在面相上有明显的菩萨化，其手中通常擎一孩童，或者脚边有诸多孩童，凸显其掌管生育（造人）的功能。另外，在寺庙内或者周边，还有许多壁画凸显出伏羲、女娲作为始祖神的创世功绩。壁画中的伏羲、女娲形象与庙宇中作为受人祭拜的神灵形象有明显差异。与庙宇中被简化为创制八卦的伏羲和造人的女娲相比，这些壁画更全面清晰地表现了伏羲、女娲的创世功绩。例如，伏羲除了创制八卦之外，还有"结网罟以教民渔猎""制嫁娶"等，女娲除了抟土造人，还有补天、战黑龙、断鳌足、制笙簧等。而在目前所见的广场雕塑中，伏羲通常手执八卦/太极或太极八卦，女娲通常双手举石补天，也有少数突出女娲造人的功绩。不论是庙宇还是广场中的伏羲形象，很少出现人首蛇身的形象，但在庙宇壁画和广场雕塑中，女娲的造型却多人首蛇身，甚至可以说是以人首蛇身形象为主。

总的来说，在漫长的历史进程中，伏羲、女娲图像有传承又有变迁。我们今天所见的伏羲、女娲图像的起点是墓室祠堂绘画，墓室祠堂绘画为我们呈现了人首蛇身的伏羲、女娲图像，并且这些图像对于后世的伏羲、女娲图像产生了深远的影响。两汉至隋唐时期，我们所见的伏羲、女娲图像主要就出自墓室祠堂绘画。此类绘画中的伏羲、女娲通常以对偶神的形象出现，人首蛇身，手中执规矩或日月等，而且从文献记载来看，这种人首蛇身的伏羲、女娲形象并不仅仅在墓室绘画中流行，在庙宇塑像中也当如此，只是这些地面之上的图像早已在历史的洪流中烟消云散。宋元明清时期开始，我们能够见到的伏羲、女娲图像更多来自画像卷轴、故事插图，这些图像更凸显伏羲、女娲的具体创世功绩，开始与典籍中记载的伏羲、女娲形象合流。从现存的图像看，伏羲、女娲主要以完全的人形为主，人首蛇身的形象较少，伏羲、女娲通常单独出现，图像呈现其某项创世功绩，或配合故事文本呈现某一个故事侧面。到了民国之后，我们能见到的伏羲、女娲图像更加多元。在这些多元图像中，伏羲、女娲形象既吸收了墓室绘画中的伏羲、女娲形象的部分特点，又强烈地凸显伏羲、女娲作为始祖神的神格。前者表现在，伏羲、女娲图像尤其是女娲图像，其人首蛇身的形象重新频繁出现在各类伏羲、女娲图像创作中；后者表现在，图像形象通常是展示伏羲创制八卦、女娲补天等创世功绩。传统在当代积淀，并表达出新的时代特征。

## 二、伏羲女娲图像的类型谱系

在漫长的历史进程中，伏羲女娲图像也发展出了十分多元的类型，如墓室绘画、古典插图、名家绘画、庙宇塑像与壁画、连环画等。这些不同的类型之间，既有区别又有联系。其区别在于不同类型的伏羲女娲绘画因为受众、功能等的不同而在图像内容表达上有明显的差异，但又不是截然不同的，相反，各种不同的图像类型之间又有明显的相互交流与渗透，形成了既有明显区别又有内在关联的图像类型谱系。以下将选择若干有代表性的类型进行讨论。

### （一）墓室祠堂绘画中的伏羲女娲图像

伏羲女娲图像的墓室祠堂绘画出现较早并自成体系，是伏羲女娲图像发展史中极具特色的一个类别。从时间上看，伏羲女娲墓室祠堂绘画传统从西汉中晚期一直延续到隋唐时期，时间跨度非常大。从地域上看，从两汉时期在中原地区蓬勃发展，到魏晋南北朝至隋唐时期在西北的河西地区、东北的高句丽地区以及新疆的阿斯塔纳与哈拉和卓地区的传播，伏羲女娲墓室祠堂绘画传统辐射范围广泛。从形式上看，伏羲女娲墓室祠堂画像主要有画像石、画像砖、墓室壁画、棺板画、绢画、麻布画等。从数量上来看，伏羲女娲图像数量也极为可观。除过文英于 2007 年统计的汉代墓室祠堂中出土的伏羲女娲画像 200 多幅外，王晰统计河西地区发现的魏晋至隋唐时期的伏羲女娲墓室绘画有 25 幅。[①] 新疆博物馆馆藏的新中国成立后出土的吐鲁番地区伏羲女娲墓室绢、麻布画有 28 幅之多，[②] 加上 20 世纪 10 年代初期吐鲁番哈喇和卓地区出土的 10 幅，[③] 数量近 40 幅。近期亦有研究者统计，目前吐鲁番地区出土的伏羲女娲图有百余幅。[④] 从表达内容上看，与后来伏羲女娲图像多循着伏羲、女娲的创世神话的口头与书面叙事发展、主要展现伏羲女娲的创世功绩不同，墓室祠堂绘画中的伏羲女娲主要与当时人们的升天信仰关系密切。[⑤]

在墓室祠堂绘画中，伏羲女娲图像最突出的特征有以下几点：第一，伏羲、女娲整体上以对偶神的形式出现。在这些同时出现伏羲女娲的图像中，有的出现在同一个画面中，如伏羲、女娲呈交尾状出现，有的分立于东王公 / 西王母或其他形体较大的神物两侧，或交尾或不交尾，有的则对称分布在某一建筑物的两侧；还有一些出现在墓室中不同但具有对称性的位置结构中，例如，河南南阳麒

---

① 参见王晰：《甘肃考古发现的伏羲女娲图像整理》，西北师范大学硕士学位论文 2015 年。

② 参见赵华：《吐鲁番出土伏羲女娲绢、麻布画的艺术风格及源流》，载赵华编：《吐鲁番古墓出土艺术品》，新疆美术出版社 1992 年版，第 26 页。

③ 参见［韩］闵丙勋：《韩国国立中央博物馆藏吐鲁番出土伏羲女娲图考》，《辽宁省博物馆馆刊》2006 年第 1 辑。

④ 李晶静：《吐鲁番出土伏羲女娲图像上的北斗星象》，《新疆艺术（汉文）》2021 年第 6 期。

⑤ 参见王煜：《汉代伏羲、女娲图像研究》，《考古》2018 年第 3 期。

麟岗东汉早中期画像石墓中一对伏羲女娲，便分别出现在墓室南大门和北大门的门楣底面。① 第二，伏羲、女娲为人首蛇身。在墓室祠堂绘画中，伏羲、女娲都维持了上半身的人形。从生理性别特征看，伏羲、女娲的性别区分不大，二者的区别主要体现在冠发、衣着等方面。例如，在汉代墓室绘画中，伏羲通常头戴冠冕，冠冕形式包括梁冠、山字形冠、武士冠等，也有不戴冠而梳髻者。其服饰通常为襦衣或袍服；② 女娲则梳高髻，着襦衣。③ 伏羲、女娲的下半身通常为蛇尾，或蛇尾加兽足。第三，伏羲、女娲墓室祠堂绘画中，伏羲、女娲多手持规、矩，或擎（抱）日月，或持灵芝、华盖、仙草等。一般而言，伏羲执规（矩）、女娲执矩（规），或伏羲擎（抱）日、女娲擎（抱）月，或伏羲同时执规抱日、女娲执矩抱月。日月以圆形为多，日中通常有三足乌，月中有蟾蜍等。河南南阳汉画像石中伏羲、女娲多手持仙草、灵芝、华盖等。

前文已提及，墓室祠堂绘画中的伏羲、女娲图像与后世出现的伏羲女娲图像差异极大，它们所主要表现的并不是伏羲、女娲作为始祖神常常被提及的具体创世功绩，而是凸显其作为仙界的神仙引领逝者升仙的功能。在墓室祠堂绘画中，与伏羲、女娲一同出现的，常常有西王母、捣药玉兔、生命树、凤鸟以及其他仙人，而西王母、玉兔捣药、生命树等常常被认为与长生不死的观念有关。④ 另外，隋唐时期吐鲁番出土的绢画、麻布画中，伏羲、女娲之间常有日月，还有的周边为星空。这都将伏羲、女娲所处的位置与上天、仙界联系在一起。在此，我们举一个例子来说明。西汉洛阳卜千秋墓墓室脊顶的壁画中，伏羲、女娲分别位于壁画的东西两端，壁画图案有黄蛇、日（日中有乌）、伏羲、墓主卜千秋夫妇、仙女、白虎、朱雀、枭羊、龙、方士、月（月中有蟾蜍与桂树）、女娲。⑤ 研究者大多认为该壁画为墓主升仙图。孙作云根据古代的文献记载认为，升仙时"后面跟有腾蛇，是一种普遍的排场"，加上图中的白虎、朱雀，"亦与汉赋相符合"，可知"本图必为升仙图"。⑥ 另外，壁画中卜千秋的妻子乘三头怪鸟，抱"三足乌"。

① 参见王煜：《汉代伏羲、女娲图像研究》，《考古》2018 年第 3 期。

②③ 参见刘惠萍：《伏羲神话传说与信仰研究》，陕西师范大学出版社 2013 年版，第 230 页。

④ 参见刘惠萍：《伏羲神话传说与信仰研究》，陕西师范大学出版社 2013 年版；王煜、皮艾琳：《"祭祀是居，神明是处"：临沂吴白庄汉画像石墓图像配置与叙事》，《艺术史研究》2021 年第 24 辑。

⑤⑥ 参见孙作云：《洛阳西汉卜千秋墓壁画考释》，《文物》1977 年第 6 期。

孙作云认为，此三足鸟为三足乌。"它是西王母的使者，被西王母派遣前来迎接墓主人成仙"，而墓主夫妇前跪坐的女子，"是西王母的侍女，也是西王母派来迎接墓主人的"。[①]因此，将伏羲、女娲置于整个画面来看，伏羲、女娲在图像中所承担的功能也应与升仙有关。尤其是伏羲身前有日、女娲身前有月，伏羲被认为是主阳之神，女娲则被认为是主阴之神，身前有日的伏羲和身前有月的女娲分别代表了阴阳两极。

### （二）古籍插图中的伏羲女娲

自明代以来，出现在典籍中的伏羲、女娲插图也日渐增多。目前所见，明代《列国前编十二朝》《盘古至唐虞传》《三才图会》《历代古人像赞》《开辟演义》，清代《廿四史通俗演义》等都有伏羲和／或女娲插图。伏羲、女娲各自独立，不是作为对偶神出现的。伏羲保留了某些原始特征，例如，头上有两麟角，着树叶或草衣，但整体形象为人，一些单独的图像只画伏羲半身像，而画全身像的几乎都是人身人足而非蛇身蛇尾。单独出现的伏羲图像往往以始祖神的面目出现，画面凸显伏羲画卦的功绩，多幅的伏羲图像则较为详细地呈现伏羲的身世及各项功绩，例如，《盘古至唐虞传》就用多幅图像描述了伏羲的出生及其功绩，包括"太昊母与飞虹相交""圣母生伏羲于成纪""伏羲氏画阴阳八卦""伏羲氏教民六种书法""伏羲设民间嫁娶法""龙马负图授伏羲氏""伏羲听风吹树木声""伏羲削桐木以制琴"等。在版画插图中，女娲的形象较之伏羲更为多元，例如，在明清时期的一些书籍中，如《山海经》《古今图集成·神异典》插图中，女娲都保持了人首蛇身的形象。但这一形象与墓室绘画中人首蛇身的女娲完全不同。在这里，女娲头部没有多余的装饰，面容俊秀，头部以下即是蛇躯，整个图像的意义传达也与女娲的创世功绩无关。但在多幅的女娲图像中，女娲保持了人的形象，并且图像主要是描述女娲的创世功绩。例如，《盘古至唐虞传》就用多幅图像描述了"女娲炼五色石补天""共工与女娲氏大战""女娲氏诛杀共工氏"等。这些古籍中的插图除了少部分例外，整体上都立足于凸显伏羲、女娲作为始祖神的创世功绩。但这些创世功绩的凸显主要不是在信仰意义，而是在叙事意义上。而

---

① 孙作云：《洛阳西汉卜千秋墓壁画考释》，《文物》1977 年第 6 期。

且，这些图像中的大部分也并不特别追求画像人物的美感，而是更着重达意。

### （三）古代名家绘画中的伏羲女娲

名家绘画中伏羲、女娲虽不算多见，但也别具特色。目前所见古代名家所绘伏羲、女娲包括东晋顾恺之绘《洛神赋图》，南朝梁张僧繇绘《伏羲神农像轴》、宋代马麟绘《伏羲》、宋代孙知微绘《伏羲像轴》、元代李康绘《伏羲像》、明代仇英绘《伏羲画像》、清代任伯年绘《女娲补天》等。在名家画笔之下，伏羲、女娲也是各自独立出现，伏羲画像较女娲画像多。以上提及的画像，只有李康、仇英所绘伏羲头上出现了短短的角，其他均为正常的人形，要么着兽皮衣，要么着树叶或草衣，要么在着布衣的同时有树叶等修饰，通常赤脚。画像以坐像为主，皆面色沉静，似在沉思。名家笔下的女娲，仍保留了兽足或蛇尾，顾恺之《洛神赋图》中的女娲衣袂飘飘，裙裾之下露出有力的兽足，任伯年《女娲炼石》的女娲则着有长长裙摆的衣服席地而坐，露出短短一截蛇尾。两幅画中的女娲皆俊美，有鲜明的女性特征，不似伏羲更具始祖神的特征。但就画面而言，除了《洛神赋图》主要根据《洛神赋》来绘画，因而没有凸显女娲的创世功绩之外，其他画像主要呈现典籍记载中伏羲、女娲的创世功绩。伏羲的主要功绩被定格在画卦，女娲则是补天。与其他类型的伏羲、女娲图像相比，名家创作的伏羲、女娲图像更注重画面的审美性，这突出表现在伏羲、女娲的面部表情是经过精心设计的，注重画面整体氛围的呈现。

### （四）庙宇塑像与壁画中的伏羲女娲

庙宇雕塑与壁画中的伏羲、女娲是又一类重要的伏羲、女娲图像。今天，与伏羲、女娲相关的庙宇遍布全国各地，比较有名的有甘肃天水伏羲庙、河南淮阳人祖庙（太昊陵）、河北涉县娲皇宫、河南周口女娲宫、山西洪洞女娲庙等。在这些庙宇中，一般都同时有伏羲、女娲塑像。以塑像形式出现的伏羲、女娲一般为端庄严肃的神灵形象，例如，甘肃天水伏羲庙先天殿的伏羲坐像，伏羲上身披黄袍，下身着绿色树叶衣，手持八卦，目光炯炯有神。河南淮阳太昊陵统天殿里的伏羲塑像为金像坐像，伏羲头上生角，着树叶衣，手持八卦。与庙宇中的伏羲仍比较明显地保持了典籍记载中的形象不同，庙宇中的女娲塑像则很大程度上菩萨化了。例如，山西洪洞女娲庙中的女娲金像端坐莲花台，披红袍，头戴玉旒，眉眼低垂，右手举杨枝，其前面帷幔绣龙，写"佛光普照"。河北涉县娲皇宫娲皇圣母坐像中的娲皇圣母亦盘腿坐于莲花台上，凤冠霞帔，眉眼低垂，右手持一金色小壶，坐像前又放置了若干塑料娃娃，表达出明确的主生育的意思，与民众求子的传统相融合。总的来说，庙宇殿堂内部的伏羲、女娲塑像整体上显庄严，女娲尤其具有明显的菩萨像。

不过，许多庙宇或庙宇周边同时会有伏羲、女娲相关的壁画，壁画为浮雕或彩绘。这些壁画则更具灵活性，更为全面地呈现了伏羲、女娲的创世功绩，且二者的画像更灵动。例如，天水伏羲庙先天殿中东西两面的壁画，分别呈现了伏羲画卦及伏羲其他创世功绩，如结网罟、渔猎等。画面中的伏羲人形，上身着树叶衣，下身着兽皮衣，与上文提及名家绘画中的伏羲倒有几分相像。河北涉县娲皇宫内的女娲创世功绩浮雕则呈现了女娲抟土造人、断鳌足以立四极、斩黑龙等画面，画面中的女娲长发，戴牡丹花，衣袂飘飘，面容年轻秀丽。浮雕画面还特别融合了墓室绘画中的元素，如抟土造人的浮雕中雕刻了弯月和蟾蜍，断鳌足以立四极浮雕中雕刻了人首蛇身的伏羲女娲交尾图以及凤鸟。娲皇宫中还有一幅大型壁画呈现了女娲补天的画面。壁画中的女娲呈飞天状，面容俊美，头戴牡丹花，身着修身裙装，双臂张开，左手托补天石，画面下方还画了炼石炉。这些壁画与庙宇中的伏羲女娲雕像互为补充。

### （五）连环画中的伏羲女娲

连环画也称小人书，其受众以儿童青少年为主。由于版权的限制，本书图像没有涉及连环画，但连环画中的伏羲、女娲图像，尤其是新中国成立之后的，因其受众的特殊性而表现出一些独特的特质，是伏羲、女娲图像中值得讨论的一个类别。因此这里仍将概述一二。

连环画通常独立讲述伏羲、女娲的故事。在人物形象上，伏羲以正常的人形为多，有俊朗的青年形象，有勇武的中年形象，也有智慧的老年形象，还有少量天真的少年形象。就衣饰来讲，有的保持了身体部分裸露、穿树叶衣等相对原始的特点，但也不乏穿布衣的古代美男子形象。与伏羲相比，女娲的形象在连环画中更加多元，有的保留了蛇尾造型，但几乎没有同时保留兽足的，有的则是完全的人形。不论是人首蛇身的女娲还是完全人形的女娲，大部分连环画都凸显了其美的一面。就笔者目力所及，几乎所有连环画中的女娲都是长发飘飘的，许多头戴美丽的花环，大部分五官标致（其中不少还特别画了大眼睛）、身材修长，腰肢纤细，有的保留了简单的树叶和花环衣饰，有的则着精致而色彩鲜艳的裙装，整体上都鲜明地展示了女娲柔美的女性特征。其中尤值得一提的是，连环画中的女娲呈现出来的面貌既有儿童形象，也有少女形象，还有中年女性形象，但没有老年女性形象。在诸种形象中，又以少女形象为多。另外，一些连环画中的女娲也有菩萨化的特点。例如，张令涛、胡若佛创作的《女娲补天》连环画中的女娲形象无论是面部特征还是衣饰都表现出很强的菩萨像特征。①

就内容而言，连环画所讲述的主要是伏羲、女娲的创世功绩，也有一些讲述伏羲女娲兄妹成婚的故事。整体来说，分别讲述伏羲、女娲的创世功绩的连环画比较多，这其中，女娲的故事又比伏羲的故事多。在关于伏羲的故事中，一般呈现的是伏羲做八卦、发明网罟、制作琴瑟等创世功绩，也有的涉及伏羲的身世。在关于女娲的故事中，一般呈现的是女娲抟土造人、炼石补天、断鳌足以立四极、斩黑龙等创世功绩。

### （六）其他伏羲女娲图像

除以上提及的五个类别之外，伏羲、女娲还有其他一些图像表达形式，如大型室外雕塑、年画、剪纸等。

与伏羲、女娲相关的大型室外雕塑数量不少，而且近些年，随着传统文化的复兴，相关雕塑进一步增多。这些矗立在开阔之地的大型石雕，基本以呈现伏羲、女娲的创世功绩为主。广场中的伏羲大多为人形，保持了长发、蓄须、穿树叶衣等特征，面部表情刚毅，身体肌肉凸显，充满力量感。伏羲手中的标志物以八卦为主。例如，山东邹城伏羲广场中的伏羲站像就是呈现了这样的特征。与女娲矗立在一起的伏羲以红色岩石雕刻，长发，短胡须、腹肌、四肢肌肉都凸显，手中持八卦，目光坚毅，望向远方。广场中的女娲完全人形的和人首蛇身的都很常见，女娲通常长发，或披发或梳高髻，面容俊秀，身材修长，神情有悲悯之

---

① 参见伊黎改编，张令涛、胡若佛绘画：《女娲补天》，人民美术出版社2001年版。

色，一些雕塑中女娲裸露上半身，一些则是衣袂飘飘。女娲手中的标志物以补天石为多，女娲的形象也呈现出飞翔状态或者静止的举补天石状态。例如，山东邹城伏羲广场的女娲，立于云彩之上，长发披肩，人身蛇尾，头微微上扬，双手将补天石举过头顶。在伏羲广场下面的水塘中，还有一尊白色的女娲塑像，亦是人首蛇身，长发飘起，双手将补天石举过头顶。还有一些呈现的是造人的女娲。例如陕西潼关女娲陵的白色女娲坐像，女娲梳高髻、戴项链，上身裸露，乳房凸显，目光慈祥含笑，微微低头望向其手边的一个孩童。

年画中也不乏伏羲、女娲图像。年画中的伏羲主要出现在敬神的纸马中，多为坐像，有的是全身像，有的是半身像，头部通常有角或者头顶凹陷，眼角上扬，目光有神，形象古朴原始，手持太极八卦。女娲则多出现在装饰性年画中，有的是完全的人形，有的则是人首蛇身。整体上，女娲为年轻女性形象，长发飘飘，面容俊秀，服饰鲜艳精致。这些年画通常表现女娲补天的功绩，画面中的女娲多在云间，呈飞翔姿态，手举补天石。另外，画面中通常还有龙作陪衬。

剪纸也是伏羲、女娲图像的重要载体。剪纸中的女娲多于伏羲。目前所见，剪纸中的伏羲有一些是单独出现的，这种单独出现的单幅伏羲形象，通常是手托八卦。还有一些是与女娲同时出现的，这样的剪纸中，伏羲、女娲一定程度上复刻了墓室绘画中的伏羲、女娲形象，伏羲、女娲均为人首蛇身，而且有兽足，二者呈交尾状，伏羲手托日，有的日中还有三足乌，女娲则手托孩童，有的在女娲旁边还有蟾蜍。这种将伏羲、女娲的各种形象、符号汇聚的剪纸，或可以郭宪创作的一幅彩色剪纸为代表。该剪纸中，伏羲、女娲均为人首蛇身，面容俊美，着红色宽袖衣衫，伏羲、女娲相向而立，四目相对，蛇尾相交。伏羲在左、女娲在右，伏羲执矩、女娲执规，伏羲、女娲之间上方有日，日中有三足乌，蛇尾之间下方有月，月中有蟾蜍，伏羲、女娲相近的两手共同托起一个八卦。伏羲从蛇尾起身上的装饰是若干条飞龙和凤凰，女娲身上从蛇尾起则缀满了葫芦。① 女娲的形象较之伏羲更为多元。除了这种伏羲、女娲交尾剪纸外，有一些剪纸呈现的是女娲补天的功绩。此类剪纸往往对画面作精细的、写真性的刻画，女娲面容俊秀，衣袂飘飘，飞翔状托起补天石。也有一些呈现的是女娲造人的功绩，这类剪

---

① 陈竟、赵铁信编：《中国当代剪纸精品集》，中国轻工业出版社2012年版，第145页。

纸或古朴或精致，以人首蛇身的女娲形象为多。

总的来说，伏羲、女娲的图像类型非常多元。这些不同类型的伏羲、女娲图像一方面因为与伏羲、女娲的书面、口述文本具有互文性而具有内在的一致性；另一方面，又因应其不同的受众、功能、地域与时代而表现出很强的差异性。从其一致性的一面来说，伏羲、女娲图像整体上都趋向于呈现伏羲、女娲作为始祖神的具体创世功绩。除墓室绘画因其特殊的功能而表达方式有所不同外，其他类型的伏羲、女娲画像均有此特点。这是伏羲、女娲图像中非常重要的一个特征。从其差异性的一面来看，不同类型的伏羲、女娲图像的细节差别明显。例如，墓室绘画中的伏羲、女娲通常以对偶神的形式出现，伏羲、女娲主要为人首蛇身，上半身为正常的人形，不具异相，伏羲、女娲的生理性别特征比较模糊，二者主要靠发型、服饰等来区分。其服饰以襦衣或袍服为主。但在其他类型的伏羲、女娲图像中，伏羲主要为人形，女娲则人首蛇身和为人形的形象参半。伏羲在古典插图与年画中，常常具异相，如头上生角，眼睛圆睁等，且常着树叶衣或草衣。就年龄而言，伏羲既可以是青年（如连环画等）也可以是中年（广场雕塑等），还可以是老年（如名家绘画、连环画等）。女娲在名家绘画、连环画、寺院及其周边壁画中，其作为美丽女神的形象被凸显，常常长发飘飘，着树叶衣或色彩艳丽、裁剪仔细的布衣。寺院之中的女娲通常是中年、菩萨化的端庄女性形象，而在连环画中呈现为幼女、少女或中年女性形象，在装饰性年画中则是青年女性形象，绝少老年形象。

# 第二章　墓室祠堂绘画中的伏羲女娲

墓室祠堂绘画中的伏羲女娲图像在所有伏羲女娲图像中，数量多且独具特色。本章将重点呈现来自山东、江苏、河南、四川、陕西、甘肃、新疆等地墓室祠堂绘画中的伏羲女娲图像，包括画像石、画像砖、墓室壁画以及帛、绢、麻布画等。

## 一、汉画像石中的伏羲女娲 ①

### （一）山东汉画像石

图 2-1-1、2-1-2 来自山东省南武阳平邑皇圣卿阙。伏羲女娲画像位于多层画像的最上层，伏羲、女娲为一大神拥抱，伏羲、女娲手中分别持规和矩，两边分别有玄武和朱雀。

图 2-2-1、2-2-2 来自山东省济南长清区（原长清县）西南 22 公里孝里铺西南隅孝堂山石祠东壁。伏羲位于最上层三角部分顶部，人首蛇身，戴进贤冠，手持矩，身前有一圆弧形花纹，身后有一童子，作舞蹈状，童子后有一人持棍。与西壁女娲像对称。

图 2-3-1、2-3-2 来自山东省济南长清区（原长清县）西南 22 公里孝里铺西南隅孝堂山石祠西壁。女娲位于最上层三角部分顶部，人首蛇身，手持规，前有男女二人相向而跪，其头顶有云气，其身后有一人持棍，并有二犬，其身后有一童子在云间跳跃。与东壁伏羲像对称。

---

① 汉画像石的分布极为广泛，蒋英炬、杨爱国将其分为四大区域：山东、苏北、皖北、豫东区；豫南、鄂北区；陕北、晋西北地区；四川、重庆、滇北地区。参见蒋英炬、杨爱国：《汉代画像石与画像砖》，文物出版社 2001 年版。

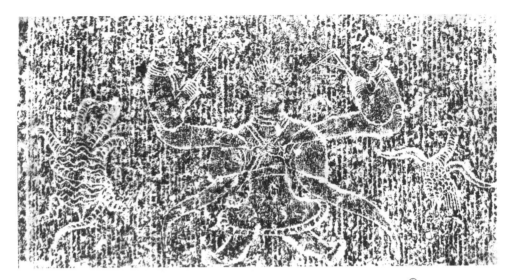

图 2-1-1　皇圣卿阙伏羲女娲画像石拓片，东汉章帝元和三年 ①

图 2-1-2　皇圣卿阙伏羲女娲画像细部摹本（陈志农绘）②

①② 傅惜华、陈志农编辑：《山东汉画像石汇编》，山东画报出版社 2012 年版，第 213 页。

图 2-2-1　孝堂山伏羲画像石拓片，东汉早期 ①

图 2-2-2　孝堂山伏羲画像摹本 ②

① 山东省石刻艺术博物馆、山东省文物考古研究所编，蒋英炬、杨爱国、信立祥、吴文祺著：《孝堂山石祠》，文物出版社 2017 年版，第 30 页。图像说明亦参考该书。

② 山东省石刻艺术博物馆、山东省文物考古研究所编，蒋英炬、杨爱国、信立祥、吴文祺著：《孝堂山石祠》，文物出版社 2017 年版，第 31 页。

图 2-3-1　孝堂山女娲画像石拓片，东汉早期 ①

图 2-3-2　孝堂山女娲画像石摹本 ②

① 山东省石刻艺术博物馆、山东省文物考古研究所编，蒋英炬、杨爱国、信立祥、吴文祺著：《孝堂山石祠》，文物出版社 2017 年版，第 40 页。图像说明亦参考该书。
② 山东省石刻艺术博物馆、山东省文物考古研究所编，蒋英炬、杨爱国、信立祥、吴文祺著：《孝堂山石祠》，文物出版社 2017 年版，第 41 页。

图 2-4　武梁祠西壁伏羲女娲画像石拓片，东汉桓帝元嘉元年（公元 151 年）①

　　画像中伏羲、女娲均为人首、蛇身，蛇尾相交，伏羲执矩，女娲执规，二者中间有一小人，双脚似尾。旁边有文字："伏戏仓精，初造王业，画卦结绳，以理海内。"

① 傅惜华、陈志农编辑：《山东汉画像石选编》，山东画报出版社 2012 年版，第 415 页。

图 2-5　武氏祠前石室屋顶前坡东段伏羲女娲画像石拓片，
约东汉灵帝建宁元年（公元 186 年）①

　　画像中，伏羲、女娲皆为人首蛇身，蛇尾相交，伏羲头戴斜顶高冠，执矩，女娲头戴五梁华冠，执规，女娲身后有人首蛇身侍者，伏羲身后有头戴双角帽、肩生双翼、腿为双尾形的仙人。②

图 2-6　武氏祠左石室后壁小龛西侧伏羲女娲画像石拓片，
约东汉桓帝建和二年（公元 148 年）③

---

　　① 傅惜华、陈志农编辑：《山东汉画像石选编》，山东画报出版社 2012 年版，第 443 页。位置、年代说明参考《中国画像石全集》第 1 卷（山东汉画像石），山东美术出版社 2000 年版，第 23 页。

　　② 图像说明参考朱锡禄编著：《武氏祠汉画像石》，山东美术出版社 1986 年版，第 117 页。

　　③ 傅惜华、陈志农编辑：《山东汉画像石汇编》，山东画报出版社 2012 年版，第 463 页。位置、年代说明参考《中国画像石全集》第 1 卷（山东汉画像石），山东美术出版社 2000 年版，第 23 页。

画像中，伏羲、女娲皆人首蛇身，蛇尾相交，伏羲、女娲头向相反的方向，伏羲头戴斜顶高冠，执矩，女娲头戴五梁华冠，执规。伏羲、女娲之间有两个人首蛇身的小人，拉手、交尾。伏羲前面有一蛇尾、肩生双翼的仙人，女娲前面也有一蛇尾仙人。①

图 2-7　嘉祥花林村伏羲女娲画像石拓片，东汉早期②

此画像出土于山东省嘉祥县城东南花林村。画像中伏羲、女娲均为人首蛇身，手中似有持物，被一躯体庞大的人物抱持左右，旁有九头人面兽蹲坐。

---

① 图像说明参考朱锡禄编著：《武氏祠汉画像石》，山东美术出版社 1986 年版，第 123 页。
② 《中国画像石全集》第 2 卷（山东汉画像石），山东美术出版社 2000 年版，图版第 116 页。

**图 2-8-1** 邹城黄路屯村伏羲女娲画像石，东汉中晚期（王均霞 2019 年 7 月 24 日摄）

**图 2-8-2** 邹城黄路屯村伏羲女娲画像石拓片，东汉中晚期 ①

图 2-8-1、2-8-2 来自山东省邹城市郭里乡黄路屯村，画像中伏羲、女娲均为人首蛇身，蛇尾相交，分立东王公两侧，二人共同托举东王公头顶日轮，画面下方为三鸟啄鱼。

---

① 《中国画像石全集》第 2 卷（山东汉画像石），山东美术出版社 2000 年版，图版第 77 页。

**图 2-9　滕州龙阳店伏羲女娲画像石拓片，东汉晚期** ①

　　此画像出土于山东省滕州市龙阳店镇附近。画面中伏羲、女娲皆为人首蛇身，分立一神物两侧，蛇尾分别与神物脚相交，手触神物头上两头角。

---

① 《中国画像石全集》第 2 卷（山东汉画像石），山东美术出版社 2000 年版，图版第 144 页。

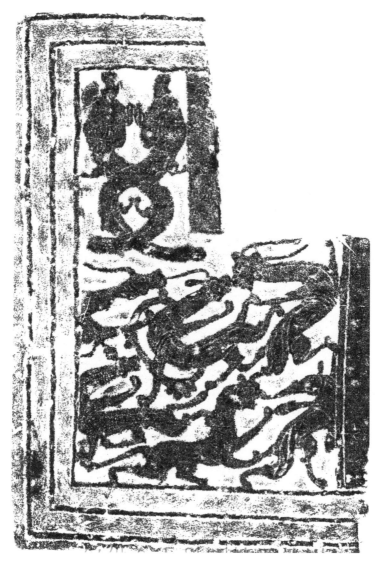

**图 2-10 滕州龙阳店伏羲女娲画像石拓片，东汉晚期 ①**

此画像出土于山东省滕州市龙阳店镇附近。画面中伏羲、女娲皆为人首蛇身，有足，蛇尾两交，下部画像为龙和虎。

---

① 《中国画像石全集》第 2 卷（山东汉画像石），山东美术出版社 2000 年版，图版第 149 页。

**图 2-11　滕州龙阳店伏羲女娲画像石拓片，汉代** [1]

　　此画像出土于山东省滕州市龙阳店附近。画像分两层，上层中间为铺首衔环，伏羲、女娲交尾于辅首两侧。伏羲女娲均人首蛇身兽足，蛇尾相交于环内，画面下方左右各有一只羊。下层画一人与龙相斗。

<hr />

　　[1]　山东省博物馆、山东省文物考古研究所编：《山东汉画像石选集》，齐鲁书社 1982 年版，图版第 111 页。

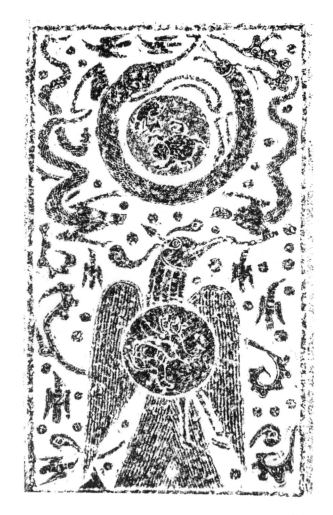

**图 2-12　滕州大康留庄伏羲女娲画像石拓片，东汉** ①

　　此画像出土于山东省滕州市官桥镇大康留庄。画像上部有一月轮，月轮中有蟾蜍和玉兔，月轮外绕一龙，再往外是伏羲、女娲，伏羲、女娲皆为人首蛇身。画像下部为一大鸟，大鸟腹上有一日轮，日轮中有三足乌。②其余还有祥云和神鸟。

① 顾森主编：《中国汉画像拓片精品集》，西北大学出版社 2007 年版，第 86 页。

② 参见《中国画像石全集》第 2 卷（山东汉画像石），山东美术出版社 2000 年版，图版第 157 页。

图 2-13　滕州后掌大村伏羲女娲画像石拓片，东汉晚期 ①

　　此画像出土于山东省滕州市官桥镇后掌大村。画像中间刻铺首，伏羲、女娲分列铺首两侧，伏羲、女娲均为人首蛇身，于铺首环内交尾。

--------

① 《中国画像石全集》第 2 卷（山东汉画像石），山东美术出版社 2000 年版，第 62 页。

**图 2-14　滕州孔集伏羲画像石拓片，东汉中期** ①

　　此画像 1982 年出土于滕州市孔集。伏羲位于画像中部，人首蛇身，其上有龙和凤鸟，其下有树，树上栖鸟，树下有一人，正弯弓射鸟。

---

① 《中国画像石全集》第 2 卷（山东汉画像石），山东美术出版社 2000 年版，图版第 203 页。

**图 2-15　费县潘家疃村女娲画像石拓片，东汉 ①**

　　此画像 1966 年出土于山东省费县垛庄镇潘家疃村。画像分为两层，上层为女娲，女娲人首蛇身兽足，手中执矩。下层为一长角的人，头顶有日轮，双手抱一月轮，月轮中有蟾蜍。

---

　　① 《中国画像石全集》第 3 卷（山东汉画像石），山东美术出版社 2000 年版，图版第 69 页。图像说明亦参考该书。

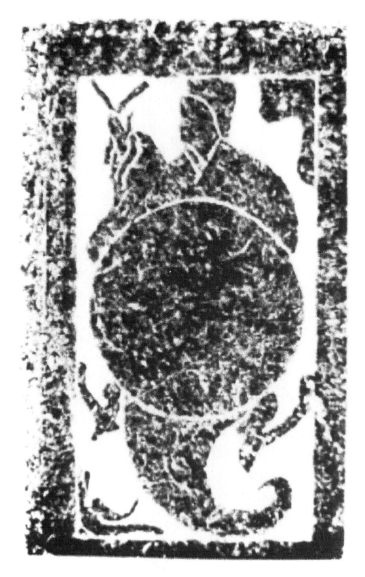

**图 2-16 费县潘家疃村伏羲画像石拓片，东汉 ①**

此画像出土于山东省费县垛庄镇潘家疃村。画像中伏羲人首蛇身兽足，蛇尾粗短，手中执规，身上有一大日轮。

---

① 《中国画像石全集》第 3 卷（山东汉画像石），山东美术出版社 2000 年版，图版第 76 页。

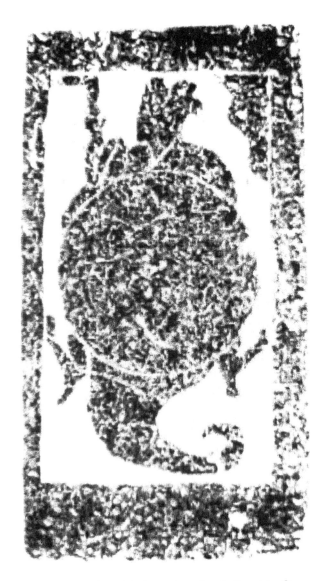

图 2-17　费县潘家疃村女娲画像石拓片，东汉 ①

　　此画像出土于山东省费县垛庄镇潘家疃村。画像中女娲人首蛇身兽足，蛇尾粗短，手中执矩，身上有一大月轮。

---

① 《中国画像石全集》第 3 卷（山东汉画像石），山东美术出版社 2000 年版，图版第 77 页。

**图 2-18　临沂汽车技校伏羲画像石拓片，东汉** ①

　　此画像出土于山东省临沂汽车技校。画像中伏羲人首蛇身，右手执规，左手抱日，周围饰以祥云。

---

　　① 《中国画像石全集》第 3 卷（山东汉画像石），山东美术出版社 2000 年版，图版第 35 页。

图 2-19　临沂吴白庄伏羲画像石，东汉 ①

　　此画像出土于山东省临沂市吴白庄，画像位于墓室前室北壁东二立柱。画像中伏羲人首蛇身兽足，手中执规，身上有日轮，日轮内有三足乌和九尾狐。其身前有二羽人，身后有一羽人露出手和头，手扯长发。伏羲画像下有一"山"字形大座，座上有捣药玉兔两只，玉兔中间有一虎首神兽，手持一网状物。座间有两虎首。下层座上有两人相向而坐，前各有一人做舞蹈状。画面底部有一长带交叉于座前。

　　①　临沂市博物馆编：《临沂吴白庄汉画像石墓》，齐鲁书社 2018 年版，第 106 页。图像说明亦参考该书。

**图 2-20 临沂吴白庄女娲画像石，东汉** ①

　　此画像出土于山东省临沂市吴白庄，画像位于墓室前室北壁西二立柱。画像中女娲人首蛇身，未见兽足，左手执矩，右手中有一长条形物，身上有一月轮，月轮中有捣药玉兔和蟾蜍。前有一鸟和穿鳞纹衣人。画像下部有一棵树，树上有二鸟衔鱼，树枝间有一鸟在巢中，树下有一人在捣鸟巢，一人在推树。

---

　　① 临沂市博物馆编：《临沂吴白庄汉画像石墓》，齐鲁书社 2018 年版，第 122 页。图像说明亦参考该书。

**图 2-21　沂南北寨村伏羲女娲画像石拓片，东汉末期** [1]

　　此画像出土于山东省沂南县北寨村汉墓墓门东侧石柱上。伏羲、女娲皆为人首蛇身，未交尾，被中间一大脸人用双臂环抱左右，伏羲头戴平顶帽，其前有一矩，女娲头梳髻鬟，其前有一规。此画像的下部为东王公和两个捣药的羽人。[2]

① 《中国画像石全集》第 1 卷（山东汉画像石），山东美术出版社 2000 年版，第 134 页。

② 参见南京博物院、山东省文化管理处：《沂南古画像石墓发掘报告》，文化部文物管理局 1956 年印，第 12 页。

**图 2-22　临沂张官庄村伏羲女娲画像石拓片，东汉** [1]

此画像出土于山东省临沂市独树头镇西张官庄村。画像中，伏羲、女娲均为人首蛇身，腰部靠近，蛇尾两交。

---

[1] 《中国画像石全集》第 3 卷（山东汉画像石），山东美术出版社 2000 年版，图版第 49 页。

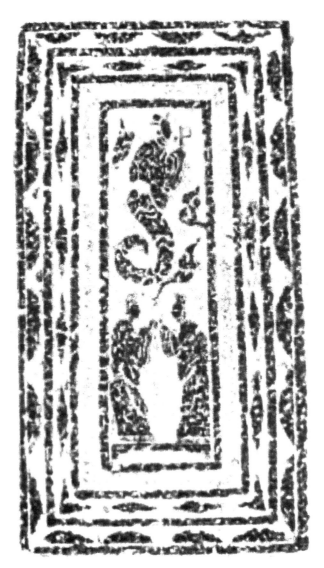

图 2-23　章丘黄土崖村女娲画像石拓片，东汉 ①

　　此画像出土于山东省章丘市黄土崖村。画像中，女娲人首蛇身，手中执矩，画像周围饰以云气。画像下方还有两个相向而立的人。

---

① 《中国画像石全集》第 3 卷（山东汉画像石），山东美术出版社 2000 年版，图版第 162 页。

**图 2-24　莒县沈刘庄伏羲画像石拓片，东汉 ①**

此画像 1985 年出土于山东省莒县沈刘庄，现藏于莒县博物馆。画像位于墓门西三立柱正面。画像中伏羲人首蛇身兽足，双手托举一日轮于头顶之上，其下为一侍立的门卒。

---

① 《中国画像石全集》第 3 卷（山东汉画像石），山东美术出版社 2000 年版，图版第 106 页。

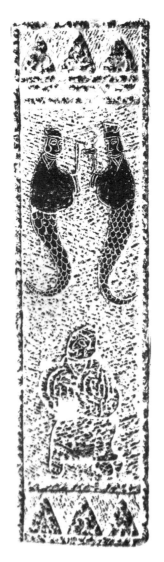

**图 2-25 莒县东莞村伏羲女娲画像石拓片，东汉** [①]

此画像出土于山东省莒县东莞镇东莞村西南。画像中，伏羲女娲皆为人首蛇身，未交尾，相向而立，伏羲手中持规，女娲手中执矩，画面下方还有一人。

---

[①] 刘云涛编著：《莒县汉画像石》，齐鲁书社 2020 年版，第 144 页。

**图 2-26　昌乐县三冢子村女娲画像石拓片，东汉** ①

　　此画像出土于山东省昌乐县三冢子村。画像中的女娲人首蛇身，似有足，肩生双翼，其身后有一名侍者。画像下方为兽面铺首。

---

　　① 《中国画像石全集》第 3 卷（山东汉画像石），山东美术出版社 2000 年版，图版第 127 页。

**图 2-27　临淄乙烯厂伏羲画像石拓片，东汉** [1]

此画像出土于山东省临淄乙烯厂。伏羲位于画像中部，人首蛇身，蛇尾细长。其上部有一只白虎，下部有一亭长捧盾。

---

[1] 《中国画像石全集》第 3 卷（山东汉画像石），山东美术出版社 2000 年版，图版第 131 页。图像说明亦参考该书。

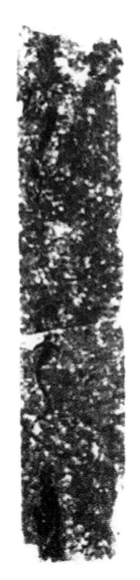

**图 2-28　临淄乙烯厂女娲画像石拓片，东汉** ①

　　此画像出土于山东省临淄乙烯厂。女娲位于画像中部，人首蛇身，蛇尾细长。其上部有一只青龙，下部有一门卒。

---

　　① 《中国画像石全集》第 3 卷（山东汉画像石），山东美术出版社 2000 年版，图版第 131 页。图像说明亦参考该书。

图 2-29　肥城伏羲女娲画像石拓片，东汉 ①

　　此画像出土于山东省肥城县西南。画像位于墓室前室东壁。画像上部为攻占图，其下左右各一阙，阙上有鸟。二阙之间有一楼，楼的两边有伏羲、女娲，人首蛇身，相向而立，手中分别持规、矩。

　　① 王思礼：《山东肥城汉画像石墓调查》，《文物》1958 年第 4 期。图像说明亦参考该文。

图 2-30　梁山县后银山伏羲画像石拓片，东汉 ①

此画像出土于山东省梁山县九区后银山。画像位于墓室前室西壁。画像中伏
羲位于中部偏上，人首蛇身，周围有凤鸟车马等。

图 2-31　东阿县邓庙村伏羲女娲画像石拓片，东汉 ②

此画像出土于山东省东阿县邓庙村。伏羲、女娲画像位于墓室前室西面横
额。伏羲、女娲皆人首蛇身，分别手持规、矩，周围有胜、龙、犬、鸟等。

---

① 关天相、冀刚：《梁山汉墓》，《文物参考资料》1955 年第 5 期。
② 陈昆麟、孙淮生、刘玉新、杨燕、李付兴、吴明新：《山东东阿县邓庙汉画像石墓》，《考古》
2007 年第 3 期。

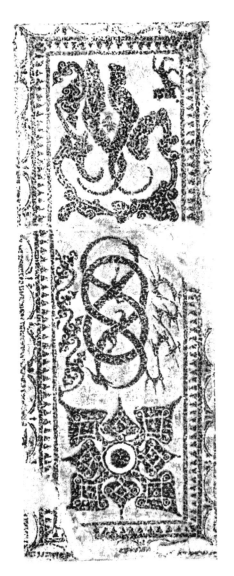

**图 2-32 安丘董家庄伏羲女娲画像石拓片，东汉晚期** ①

　　此画像位于山东省安丘市董家庄汉墓后室西间封顶石。画面南上北下，伏羲、女娲均为人首蛇身，蛇尾两次相交，周围饰以瑞兽和云气。

---

① 安丘县文化局、安丘县博物馆：《安丘董家庄汉画像石墓》，济南出版社 1992 年版，图版第 53 页。

**图 2-33 安丘董家庄伏羲女娲画像石拓片，东汉晚期 ①**

此画像位于山东省安丘市董家庄汉墓前室封顶石南段。画面北上南下，伏羲、女娲均为人首蛇身，蛇尾三交，手中似持物，周围饰以瑞兽仙人。

---

① 《中国画像石全集》第 1 卷（山东汉画像石），山东美术出版社 2000 年版，第 99 页。

图 2-34 安丘市董家庄女娲画像石拓片，东汉晚期 ①

此画像位于山东省安丘市董家庄汉墓中室室顶南坡东段。女娲人首蛇身，双手执规，周围有执仙草仙人，似在舞蹈，另外还有武士及异兽。

---

① 《中国画像石全集》第 1 卷（山东汉画像石），山东美术出版社 2000 年版，第 107 页。

（二）徐州汉画像石

**图 2-35　铜山县东沿村伏羲女娲画像石拓片，东汉** [1]

此画像出土于江苏省徐州市铜山县汉王乡东沿村。画像中伏羲、女娲均为人首蛇身兽足，蛇尾相交。伏羲居左，戴冠，手中举一鸟，女娲居右，戴胜。

---

[1]　王黎琳、李银德：《徐州发现东汉画像石》，《文物》1996 年第 4 期。图像说明亦参考该文。

**图 2-36　睢宁县双沟伏羲女娲画像石，东汉** ①

此画像出土于江苏省徐州市睢宁县双沟。画像中，伏羲、女娲均为人首蛇身，蛇尾四交，画像最下边有两个人首蛇身的小人。

---

① 《中国画像石全集》第 4 卷（江苏安徽浙江汉画像石），山东美术出版社 2000 年版，第 75 页。

图 2-37　睢宁县双沟伏羲画像石，东汉 ①

　　此画像出土于江苏省徐州市睢宁县双沟。画像中，伏羲人首蛇身，肋下和腰部生羽，有兽足，双手举日轮，画像下方有一蜗牛。

---

① 《中国画像石全集》第 4 卷（江苏安徽浙江汉画像石），山东美术出版社 2000 年版，第 75 页。

**图 2-38　睢宁县双沟伏羲画像石，东汉 ①**

此画像出土于江苏省徐州市睢宁县双沟。画像中伏羲人首蛇身，画面下方为一匹马拉的轺车，车上坐两人。

---

① 《中国画像石全集》第 4 卷（江苏安徽浙江汉画像石），山东美术出版社 2000 年版，第 73 页。

**图 2-39　十里铺伏羲画像石，东汉** ①

　　此画像出土于江苏省徐州十里铺。画像位于墓室后室立柱。画像中伏羲人首蛇尾，蛇尾卷曲，宽袖衣饰，戴三尖冠，双手擎日轮。

---

　　① 徐英毅主编:《徐州汉画像石》，中国世界语出版社 1995 年版，第 14 页。

**图 2-40　铜山区利国镇伏羲女娲画像石，东汉** ①

　　此画像出土于江苏省徐州铜山区利国镇。画像中伏羲女娲人首蛇身，占据整个画面，二者上半身紧挨在一起，蛇尾长，三交。

---

　　① 徐英毅主编：《徐州汉画像石》，中国世界语出版社 1995 年版，第 16 页。

图 2-41　周庄村伏羲女娲画像石拓片，汉代 ①

　　此画像出土于江苏省徐州市周庄村。伏羲、女娲人首蛇身兽足，相背而立，伏羲、女娲画像下各有一兽一人。

---

①　王德庆：《江苏发现的一批汉代画像石》，《文物》1958 年第 4 期。

## （三）安徽汉画像石

**图 2-42　宿县褚兰镇伏羲女娲画像石拓片，东汉** ①

此画像出土于安徽省宿县褚兰镇，画像位于前室藻井的顶盖。画像中伏羲女娲皆人首蛇身兽足，伏羲戴进贤冠，女娲梳髻簪饰。伏羲、女娲皆着广袖衣服，围绕画面中心的莲花作舞蹈状。

**图 2-43　宿州金山寨伏羲女娲画像石拓片，东汉** ②

此画像出土于安徽省宿州金山寨，画像位于墓门门楣北侧。伏羲、女娲均人首蛇身，交尾呈两环状，二者皆着宽衣长袖，似在舞蹈。左侧环内有玉兔、蟾蜍及有翼神兽，右侧环内有三足乌和有翼、长尾身兽。两环中间还有一常青树。伏羲右侧还有一站立人物。

---

① 王步毅：《安徽宿县褚兰汉画像石墓》，《考古学报》1993 年第 4 期。图像说明亦参考该文。

② 安徽省文物考古研究所、宿州市博物馆、苏州市文物管理所：《安徽宿州金山寨汉代画像石墓发掘简报》，《中原文物》2021 年第 1 期。图像说明亦参考该文。

**图 2-44  萧县陈沟伏羲画像石拓片，汉代** ①

　　此画像出土于安徽省萧县陈沟。画像位于墓门右立柱。伏羲人首蛇身，双手抱于胸前。

---

　　①　安徽省文物考古研究所、安徽省萧县博物馆：《安徽萧县陈沟墓群（东区）发掘简报》，《东南文化》2013 年第 1 期。

## （四）河南汉画像石

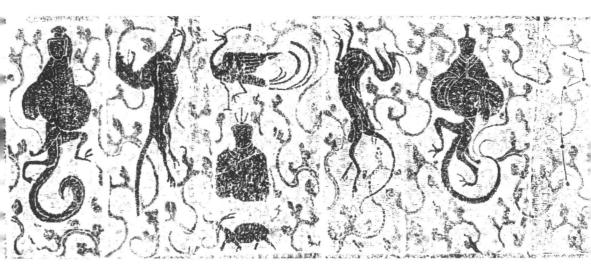

**图 2-45　南阳麒麟岗伏羲女娲画像石拓片，东汉** [1]

　　此画像出土于河南省南阳市麒麟岗。画像位于墓室前室顶部。天帝居中 [2]，伏羲、女娲人首蛇身兽足，居两侧，分别抱日轮和月轮于腹部，画像中还有朱雀、玄武、青龙、白虎。 [3]

---

[1]　顾森主编：《中国汉画像拓片精品集》，西北大学出版社 2007 年版，第 2 页。

[2]　王煜：《南阳麒麟岗汉画像石墓天像图及相关问题》，《考古》2014 年第 10 期。

[3]　亦有学者将此画像中间神灵识别为黄帝，两边分别抱日月的神灵识别为日神羲和月神常羲。参见南阳市博物馆：《南阳麒麟岗画像石墓发掘报告》，石红艳、王清建主编：《南阳汉代画像石墓发掘报告集》，中州古籍出版社 2012 年版，第 496 页。

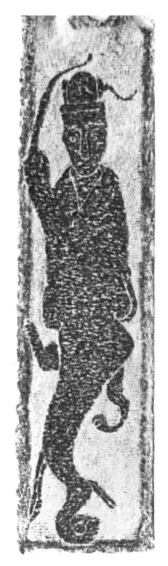

**图 2-46　南阳草店伏羲画像石拓片，东汉** [1]

此画像出土于河南省南阳市草店墓。画像位于主室北面柱。伏羲人首蛇身兽足，手持灵芝。

---

[1]　凌皆兵、王清建、牛天伟主编:《中国南阳汉画像石大全》第 2 卷，大象出版社 2015 年版，第 12 页。

**图 2-47　南阳草店女娲画像石拓片，东汉 ①**

　　此画像出土于河南省南阳市草店墓。画像位于主室南面柱。女娲人首蛇身兽足，手持灵芝。

---

① 凌皆兵、王清建、牛天伟主编：《中国南阳汉画像石大全》第 2 卷，大象出版社 2015 年版，第 13 页。

**图 2-48 南阳熊营村伏羲女娲画像石拓片，东汉** [1]

　　此画像出土于河南省南阳市熊营村，画像位于墓室主室门中柱。伏羲女娲人首蛇身，蛇尾细长，蛇尾三交，分别怀抱日月、手擎华盖。

---

　　① 凌皆兵、王清建、牛天伟主编：《中国南阳汉画像石大全》第 2 卷，大象出版社 2015 年版，第 213 页。

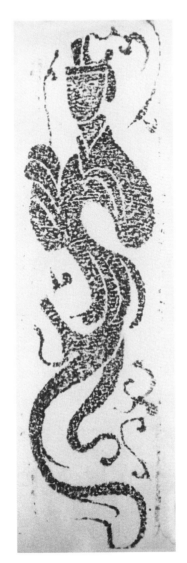

**图 2-49　南阳县女娲画像石拓片，东汉** [1]

　　此画像出土于河南省南阳。画像中女娲人首蛇身兽足，头梳高髻，着襦服，
手执仙草，周围有云气。[2]

①　闪修山、陈继海、王儒林编：《南阳汉代画像石刻》，上海人民美术出版社 1981 年版，图 19。
②　南阳汉代画像石编辑委员会编：《南阳汉代画像石》，文物出版社 1985 年版。

**图 2-50　南阳县伏羲画像石拓片，东汉** [1]

此画像出土于河南省南阳县。画像中伏羲人首蛇身兽足，戴冠，着襦服，手执华盖，周围饰以云气。

---

[1]　闪修山、陈继海、王儒林编：《南阳汉代画像石刻》，上海人民美术出版社 1981 年版，图 25。

**图 2-51　南阳女娲画像石拓片，汉代** ①

　　此画像出土于河南省南阳。画像中女娲人首蛇身兽足，蛇尾细长，梳高髻，手执灵芝和玉璧，玉璧上系流苏。

---

①　闪修山、陈继海、王儒林编：《南阳汉代画像石刻》，上海人民美术出版社 1981 年版，图 26。图像说明亦参考该书。

**图 2-52　南阳唐河针织厂伏羲女娲画像石拓片，西汉** ①

　　画像出土于河南省南阳唐河针织厂。画像中伏羲、女娲均为人首蛇身，手中执物，为一身躯庞大的人环抱左右，伏羲、女娲蛇尾相交于大人胯下。

---

　　① 闪修山、陈继海、王儒林编：《南阳汉代画像石刻》，上海人民美术出版社 1981 年版，图 59。

图 2-53　南阳唐河针织厂伏羲画像石拓片，西汉 ①

　　画像出土于河南省南阳市唐河针织厂。画像中伏羲人首蛇身兽足，蛇尾细长卷曲，头梳高髻，着襦服，右手执排箫，左手亦执物。画面下方有玄武。

---

①　南阳汉代画像石编辑委员会编：《南阳汉代画像石》，文物出版社 1985 年版，图版第 24 页。

**图 2-54　南阳唐河针织厂女娲画像石拓片，西汉** [1]

此画像出土于河南省南阳市唐河针织厂。画像中女娲人首蛇身兽足，蛇尾细长。

---

[1] 南阳汉代画像石编辑委员会编：《南阳汉代画像石》，文物出版社 1985 年版，图版第 22 页。

**图 2-55　南阳英庄伏羲画像石拓片，东汉** [1]

　　此画像出土于河南省南阳市英庄墓。画像位于墓室主室西门柱。伏羲人首蛇身兽足，手执灵芝。

　　① 凌皆兵、王清建、牛天伟主编：《中国南阳汉画像石大全》第 2 卷，大象出版社 2015 年版，第 240 页。

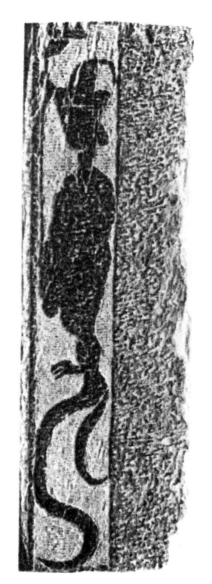

图 2-56　南阳英庄女娲画像石拓片，东汉 ①

　　此画像出土于河南省南阳市英庄墓。画像位于墓室主室东门柱，女娲身兽蛇身兽足，手执仙草。

---

　　① 凌皆兵、王清建、牛天伟主编：《中国南阳汉画像石大全》第 2 卷，大象出版社 2015 年版，第239 页。

**图 2-57 南阳英庄伏羲女娲画像石拓片，东汉** [1]

此画像出土于河南省南阳市英庄墓。画像位于墓室前室上方过梁下。伏羲、女娲人首蛇身兽足，身体向相反的方向而去，两尾相交，分别执日轮和月轮。

---

① 凌皆兵、王清建、牛天伟主编：《中国南阳汉画像石大全》第 2 卷，大象出版社 2015 年版，第 262 页。

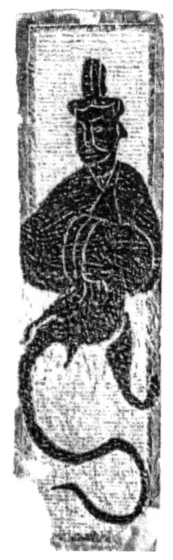

图 2-58　南阳东风厂伏羲画像石拓片，东汉 ①

　　此画像出土于河南省南阳市东风厂。画像位于墓室主室门侧柱正面。伏羲人首蛇身兽足，双手拢在袖筒里。

---

　　① 凌皆兵、王清建、牛天伟主编：《中国南阳汉画像石大全》第 2 卷，大象出版社 2015 年版，第 61 页。

**图 2-59 南阳东风厂女娲画像石拓片，东汉** ①

此画像出土于河南省南阳市东风厂。画像位于墓室主室门侧柱正面。女娲人首蛇身兽足，蛇尾细长，双手拢在袖筒里，执华盖。

---

① 凌皆兵、王清建、牛天伟主编：《中国南阳汉画像石大全》第 2 卷，大象出版社 2015 年版，第 59 页。

**图 2-60 鹤壁贾胡庄伏羲女娲画像石拓片，东汉 ①**

此画像出土于河南省鹤壁市浚县贾胡庄。画像位于墓室后室门中立柱。伏羲、女娲皆人首蛇身，相向而立，蛇尾三次相交。周围饰有龙、鸟、猛虎、羽人等。

① 鹤壁市文物工作队、浚县文物旅游局：《浚县贾胡庄东汉画像石墓》，《中原文物》2000 年第 4 期。

## （五）四川、重庆汉画像石

图 2-61-1 重庆盘古村大路山伏羲女娲画像石，
东汉至蜀汉 ①

图 2-61-2 重庆盘古村大路山
伏羲女娲画像石拓片，东汉至蜀汉 ②

　　图 2-61-1、2-61-2 出土于重庆市江津区盘古村大路山砖石墓石棺。画像位于左棺后档。伏羲女娲皆人首蛇身，未交尾，分别手持圆轮，二者靠近的两手呈羽毛状。

　　①② 重庆市文化遗产研究院、江津区文物管理所：《重庆市江津区大路山东汉至蜀汉砖室墓发掘简报》，《四川文物》2019 年第 6 期。

图 2-62-1　重庆盘古村大路山伏羲女娲画像石，东汉至蜀汉 ①

图 2-62-2　重庆盘古村大路山伏羲女娲画像石拓片，东汉至蜀汉 ②

图 2-62-1、2-62-2 出土于重庆市江津区盘古村大路山砖石墓石棺。画像位于右棺左侧档，伏羲女娲皆人首蛇身，分别手持圆轮，二者靠近的两手呈羽毛状。二者中间有车马乘骑者。

①②　重庆市文化遗产研究院、江津区文物管理所：《重庆市江津区大路山东汉至蜀汉砖室墓发掘简报》，《四川文物》2019 年第 6 期。

图 2-63-1　重庆蛮洞坡崖墓伏羲女娲
画像石，东汉 ①

图 2-63-2　重庆蛮洞坡崖墓伏羲女娲
画像石拓片，东汉 ②

　　图 2-63-1、2-63-2 出土于重庆市璧山区蛮洞坡崖墓石棺。画像位于石棺后
档。伏羲、女娲皆人形，二者相拥，分别手持日轮和月轮，二者股间各有一条
蛇，蛇尾相交。

　　① 　重庆市文化遗产研究院、璧山区文物管理所：《重庆市璧山区蛮洞坡崖墓群 M1 发掘简报》，《四
川文物》2018 年第 1 期。
　　②《中国画像石全集》第 7 卷（四川汉画像石），河南美术出版社 2000 年版，第 131 页。

图 2-64-1　四川长宁县缪家林伏羲女娲
　　　　　画像石，东汉 ①

图 2-64-2　四川长宁县缪家林伏羲女娲
　　　　　画像石拓片，东汉 ②

　　图 2-64-1、2-64-2 出土于四川长宁县缪家林崖墓群。画像中伏羲女娲皆人首、兽足、蛇尾，二者执手相向，蛇尾相交，分别托举日轮和月轮。伏羲居左，头戴高冠，女娲居右，梳双环髻，相执两手未刻手部，而是臂部相连并从中部向上直出，顶一圆形。③

---

　　①③　四川省文物考古研究院、宜宾市博物院、长宁县文物保护管理所：《四川长宁县缪家林东汉崖墓群 M5 发掘简报》，《四川文物》2015 年第 5 期。

　　②　《中国画像石全集》第 7 卷（四川汉画像石），河南美术出版社 2000 年版，第 84 页。

**图 2-65　四川郫县竹瓦铺伏羲女娲画像石拓片，东汉** ①

　　此画像出土于四川省郫县竹瓦铺砖石墓。画像中伏羲、女娲皆人首蛇身，头部靠近相拥，蛇尾两次相交，构成一圆环，二者分别手举日轮和月轮，日轮中有乌，月轮中有蟾蜍和桂树。

---

① 《中国画像石全集》第 7 卷（四川汉画像石），河南美术出版社 2000 年版，第 99 页。

**图 2-66　四川简阳县鬼头山伏羲女娲画像石拓片，东汉 ①**

此画像出土于四川省简阳县鬼头山崖墓石棺。画像中伏羲、女娲皆人首蛇身，手高举，伏羲、女娲上方皆有榜题。伏羲背后榜题为"伏希"，女娲上部榜题为"女絓"。

---

① 《中国画像石全集》第 7 卷（四川汉画像石），河南美术出版社 2000 年版，第 80 页。

**图 2-67　四川合江一号石棺伏羲女娲画像石拓片，东汉 ①**

　　此画像出土于四川省合江县张家沟崖墓。画像位于石棺后档。伏羲女娲皆人首蛇身兽足，蛇尾相交，伏羲手持日轮和规，女娲手持月轮和矩。

---

①　高文主编：《中国画像石棺全集》，三晋出版社 2011 年版，第 335 页。

**图 2-68　四川合江四号石棺伏羲女娲画像石拓片，东汉** [1]

　　此画像出土于四川省合江县张家沟二号墓。画像位于石棺后档。伏羲、女娲皆人首蛇身，蛇尾相交。伏羲一手持日轮，内有乌，一手持规，女娲一手持月轮，内有蟾蜍、桂树和兔，一手持矩。

　　① 　高文主编：《中国画像石棺全集》，三晋出版社 2011 年版，第 341 页。图像说明亦参考该书。

图 2-69　四川合江廿八号石棺伏羲画像石拓片，东汉灵帝至献帝年间
（公元 168 年—220 年）①

　　此画像出土于四川省合江廿八号石棺。画像位于石棺后档。伏羲人首蛇身兽足，左手持日轮，日中有乌，右手持规，双腿之间生殖器外露。

---

　　① 高文主编：《中国画像石棺全集》，三晋出版社 2011 年版，第 368 页。图像说明亦参考该书。

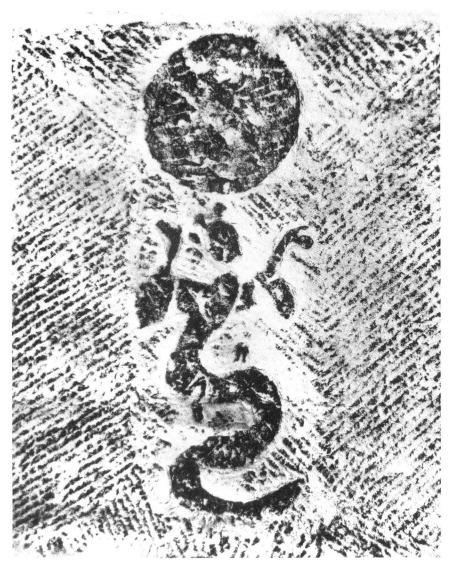

**图 2-70　四川合江卅一号石棺女娲画像石拓片，东汉 ①**

此画像出土于四川省合江卅一号石棺。画像中女娲人首蛇身，蛇身细长，双手张开，头顶有圆轮。

---

① 高文主编：《中国画像石棺全集》，三晋出版社 2011 年版，第 372 页。

**图 2-71 四川郫县二号石棺伏羲女娲画像石拓片，东汉 ①**

　　此画像出土于四川省郫县竹瓦铺。画像位于石棺后档。伏羲、女娲皆人首蛇身兽足，蛇尾相交，伏羲手托日，另一手亦有持物，女娲手托月，日月之间有羽人。

---

① 高文主编：《中国画像石棺全集》，三晋出版社 2011 年版，第 132 页。

**图 2-72　四川郫县三号石棺伏羲女娲画像石拓片，东汉 ①**

　　此画像出土于四川省郫县三号石棺。画像位于石棺后档。伏羲、女娲皆人首蛇身兽足，蛇身细长，蛇尾相交，二者均手托圆轮，另一只手似亦有持物。

---

　　① 高文主编：《中国画像石棺全集》，三晋出版社 2011 年版，第 136 页。

**图 2-73　四川郫县四号石棺伏羲女娲画像石拓片，东汉** [1]

此画像出土于四川省郫县四号石棺。画像位于石棺后档。伏羲、女娲皆人首
蛇身兽足，头相对，蛇尾细长、相交，手中分别托举日轮和月轮。

---

[1]　高文主编：《中国画像石棺全集》，三晋出版社 2011 年版，第 139 页。

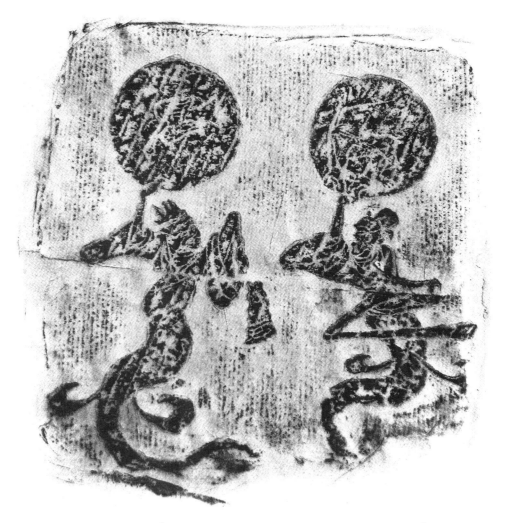

**图 2-74 四川新津十二号石棺伏羲女娲画像石拓片，东汉至西晋** ①

此画像出土于四川省新津十二号石棺。画像中，伏羲、女娲皆人首蛇身兽足，面部相对，分别举圆轮。

---

① 高文主编：《中国画像石棺全集》，三晋出版社 2011 年版，第 185 页。

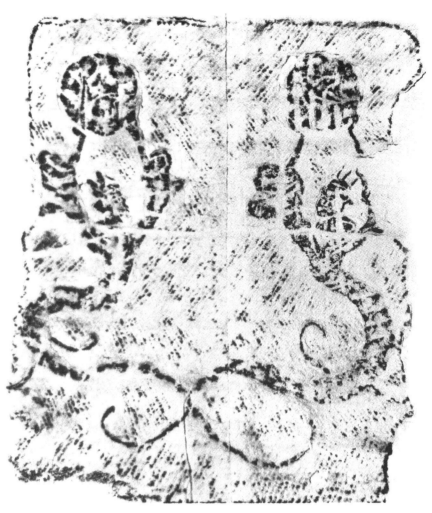

**图 2-75　四川新津廿号石棺伏羲女娲画像石拓片，东汉** ①

　　此画像出土于四川省新津廿号石棺。画像中，伏羲、女娲皆人首蛇身，蛇尾细长、相交，双手分别托举圆轮。

---

① 高文主编：《中国画像石棺全集》，三晋出版社 2011 年版，第 200 页。

**图 2-76 四川新津廿二号石棺伏羲女娲画像石拓片，东汉** [①]

此画像出土于四川省新津廿二号石棺。画像中，伏羲、女娲皆人形，有小尾巴，二者面目相对，双手托举圆轮。

---

① 高文主编：《中国画像石棺全集》，三晋出版社 2011 年版，第 203 页。

**图 2-77　四川射洪石棺伏羲女娲画像石拓片，东汉** ①

此画像出土于四川省射洪石棺。画像中，伏羲、女娲皆人首蛇身兽足，蛇尾相交，伏羲托日轮，另一只手中亦有持物，女娲举月轮。

---

① 高文主编：《中国画像石棺全集》，三晋出版社 2011 年版，第 239 页。

**图 2-78　四川富顺一号石棺伏羲女娲画像石拓片，东汉** [1]

　　此画像出土于四川省富顺一号石棺。画像中，伏羲、女娲皆人首蛇身，蛇尾相交，相向而立。画像底部有玄武。

　① 高文主编：《中国画像石棺全集》，三晋出版社 2011 年版，第 256 页。

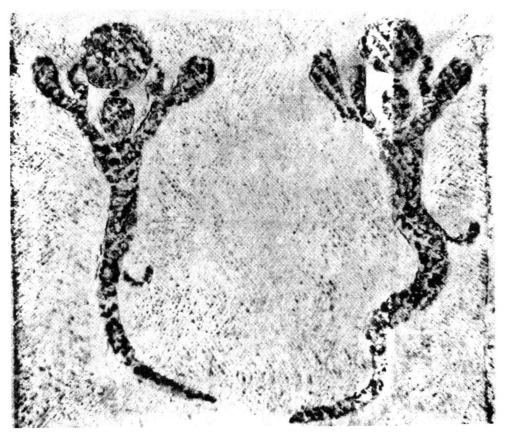

**图 2-79　四川富顺三号石棺伏羲女娲画像石拓片，东汉** [1]

　　此画像出土于四川省富顺县邓关镇化工厂崖墓。画像中，伏羲、女娲皆人首蛇身，似有尾巴，皆手托圆轮，蛇尾未相交。

---

[1]　高文主编：《中国画像石棺全集》，三晋出版社 2011 年版，第 263 页。

**图 2-80 四川南溪二号石棺伏羲女娲画像石拓片,东汉** [①]

此画像出土于四川省南溪县城郊长顺坡。画像位于二号石棺后档头。画像中,伏羲、女娲皆人首蛇身兽足,分列单阙两侧,伏羲持日轮和规,女娲持月轮和矩。

---

[①] 高文主编:《中国画像石棺全集》,三晋出版社 2011 年版,第 282 页。

**图 2-81　四川泸州十四号石棺伏羲女娲画像石拓片，东汉 ①**

此画像出土于四川省泸州十四号石棺。画像位于石棺后档。伏羲、女娲均人首蛇身，蛇尾二交成环状，伏羲托日轮，女娲举月轮。

---

① 高文主编：《中国画像石棺全集》，三晋出版社 2011 年版，第 317 页。

**图 2-82　四川泸州十六号石棺伏羲女娲画像石拓片，东汉 [①]**

　　此画像出土于四川省泸州十六号石棺。画像位于石棺后档。伏羲、女娲均为人首蛇身兽足，蛇尾相交，伏羲托日执规，女娲举月执矩。画像下方另有两个小的人首蛇身形象。

---

　　① 高文主编：《中国画像石棺全集》，三晋出版社 2011 年版，第 324 页。

图 2-83　四川泸县三号石棺伏羲女娲画像石拓片，东汉 ①

　　此画像出土于四川省泸县三号石棺。画像位于石棺后档。伏羲、女娲均为人
首蛇身兽足，蛇尾相交，均手持圆轮。画像中双阙立于伏羲、女娲左右，阙上栖
鸟，上方刻胜。

---

①　高文主编：《中国画像石棺全集》，三晋出版社 2011 年版，第 332 页。

**图 2-84　四川江安一号石棺伏羲女娲画像石拓片，魏晋时期** [①]

　　此画像出土于四川省江安一号石棺。画像位于石棺后档。伏羲、女娲人首蛇身兽足，蛇尾相交。伏羲手托日轮、执规，女娲手托月轮、执矩。

---

　　①　高文主编：《中国画像石棺全集》，三晋出版社 2011 年版，第 449 页。

## （六）陕西汉画像石

**图 2-85　陕西神木大保当伏羲画像石，东汉** [1]

此画像出土于陕西省神木县大保当乡。画像位于墓室石墓门左门柱。伏羲人面人身鸟足兽尾，颈后两根黑色冠缨，胸前有日轮，日轮中有三足乌，手持矩，周围饰以龙。[2]

---

[1]　陕西省考古研究所、榆林地区文物管理委员会：《陕西神木大保当第 11 号、第 23 号汉画像石墓发掘简报》，《文物》1997 年第 9 期。

[2]　王炜林：《陕西神木大保当汉彩绘画像石》，《收藏家》1998 年第 4 期。该文将此画像识别为"句芒"。

**图 2-86　陕西神木大保当女娲画像石，东汉** ①

此画像出土于陕西省神木县大保当乡。画像位于墓室石墓门左门柱。女娲人面人身鸟足兽尾，胸前有月轮，月轮中有蟾蜍，周围饰以虎。

---

① 王炜林：《陕西神木大保当第 11 号、第 23 号汉画像石墓发掘简报》，《文物》1997 年第 9 期。

# 二、墓室壁画中的伏羲女娲

## （一）洛阳卜千秋墓室伏羲女娲壁画

图 2-87-1　洛阳卜千秋墓室伏羲壁画，西汉 ①

---

① 　洛阳博物馆：《洛阳西汉卜千秋壁画墓发掘简报》，《文物》1977 年第 6 期。

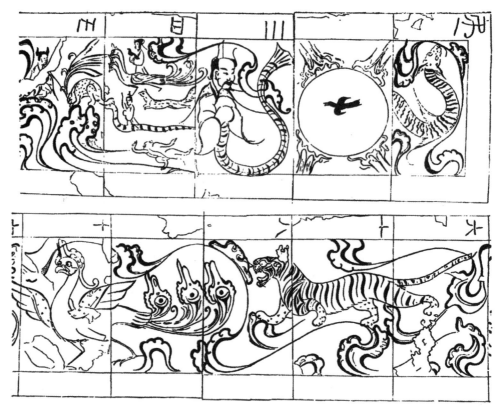

**图 2-87-2 洛阳卜千秋墓室伏羲壁画，西汉** [①]

　　图 2-87-1、2-87-2 画像出土于河南省洛阳市卜千秋壁画墓。卜千秋墓室壁画分别画在墓门内上额、后壁和墓顶脊砖上，主要表现的是"升仙"主题，其内容、构图特点、艺术风格与表现手法均与战国时期的民族美术传统一脉相承。伏羲、女娲壁画均位于墓顶脊砖上。伏羲人首蛇身，短发戴王冠，蓄八字须，靠近日轮，日轮中有金乌。

---

　　① 洛阳博物馆：《洛阳西汉卜千秋壁画墓发掘简报》，《文物》1977 年第 6 期。图像说明亦参考该文。

**图 2-88-1　洛阳卜千秋墓室女娲壁画，西汉** [1]

---

[1]　洛阳博物馆:《洛阳西汉卜千秋壁画墓发掘简报》,《文物》1977 年第 6 期。

**图 2-88-2 洛阳卜千秋墓室女娲壁画，西汉** [1]

　　图 2-88-1、2-88-2 画像出土于河南省洛阳市卜千秋壁画墓。女娲人首蛇身，双手拢在袖筒里，形象端庄，靠近月轮，脸朝月轮方向，月轮中有蟾蜍和桂树。

---

　　① 洛阳博物馆：《洛阳西汉卜千秋壁画墓发掘简报》，《文物》1977 年第 6 期。

## （二）洛阳浅井头墓室伏羲女娲壁画

**图 2-89-1　洛阳浅井头墓室伏羲壁画，西汉** ①

**图 2-89-2　洛阳浅井头墓室伏羲壁画，西汉** ②

　　图 2-89-1、2-89-2 画像出土于河南省洛阳市浅井头壁画墓。此画像位于墓室脊顶，绘前先涂一层白膏泥，然后墨线勾勒，再加彩色。画像中，伏羲人首蛇身，头戴冠，蓄八字须，靠近日轮，脸朝日轮方向，日轮中有金乌。

---

①②　洛阳市第二文物工作队：《洛阳浅井头西汉壁画墓发掘简报》，《文物》1993 年第 5 期。图像说明亦参考该文。

105

**图 2-90-1　洛阳浅井头墓室女娲壁画，西汉 ①**

**图 2-90-2　洛阳浅井头墓室女娲壁画，西汉 ②**

　　图 2-90-1、2-90-2 画像出土于河南省洛阳市浅井头壁画墓。该画像也位于墓室脊顶，画像中女娲人首蛇身，头戴冠，靠近月轮，月轮中有蟾蜍。

---

　　①②　洛阳市第二文物工作队：《洛阳浅井头西汉壁画墓发掘简报》，《文物》1993 年第 5 期。

### （三）洛阳磁涧墓室伏羲女娲壁画

**图 2-91　洛阳磁涧墓室女娲壁画，西汉中晚期至新莽时期** [1]

此画像出土于河南省洛阳市新安县磁涧镇里河村砖室墓。画像位于墓室脊顶。画像中女娲人首蛇身，头上绾髻，两鬓垂发，身着青色右衽宽袖袍服，袖手，回头望向青色月轮，月轮中有奔兔、蟾蜍和桂树，其周围有凤鸟和龙。

**图 2-92　洛阳磁涧墓室伏羲壁画，西汉中晚期至新莽时期** [2]

此画像出土于河南省洛阳市新安县磁涧镇里河村砖室墓。画像位于墓室脊顶。画像中伏羲人首蛇身，头戴冠，着赤色右衽宽袖袍服，拱手，脸向前，其身后有一红日轮，日轮中有金乌和神树。

---

①②　沈天鹰：《洛阳博物馆新获几幅汉墓壁画》，《考古与文物》2006 年第 5 期。图像说明亦参考该文。

## （四）洛阳北郊墓室壁画

**图 2-93　洛阳北郊墓室伏羲壁画，东汉 ①**

　　此画像出土于河南省洛阳市北郊石油站家属院内。画像位于墓室东壁。画像中伏羲人首蛇身，绾椭髻，内着素衣，外着灰绿色交领右衽短衣，袖口为红色。伏羲双手举起，擎住头顶的红日轮，日轮中有金乌。

---

① 洛阳市文物工作队：《河南洛阳北郊东汉壁画墓》，《考古》1991 年第 8 期。图像说明亦参考该文。

**图 2-94　洛阳北郊墓室女娲壁画，东汉 ①**

　　此画像出土于河南省洛阳市北郊石油站家属院内。画像位于墓室西壁。画像中女娲人首蛇身，绾胆形锤髻，蓄八字胡须，内着素衣，外着黄褐色交领右衽短衣。女娲双手举起，擎住头顶的月轮。

---

①　洛阳市文物工作队：《河南洛阳北郊东汉壁画墓》，《考古》1991 年第 8 期。图像说明亦参考该文。

109

## （五）陕西靖边杨桥畔渠树壕东汉墓室伏羲女娲壁画

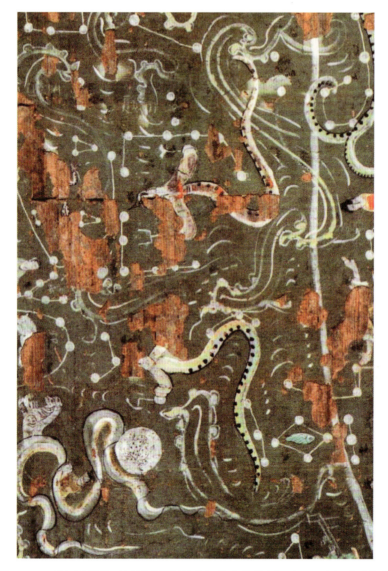

图 2-95-1　陕西省靖边县杨桥畔渠树壕东汉墓室伏羲女娲壁画，东汉中晚期 [①]

---

① 陕西省考古研究院、靖边县文物管理办：《陕西靖边县杨桥畔渠树壕东汉壁画墓发掘简报》，《考古与文物》2017 年第 1 期。图像说明亦参考该文。

图 2-95-2 陕西省靖边县杨桥畔渠树壕东汉墓室伏羲女娲壁画·伏羲，东汉中晚期①

① 陕西省考古研究院、靖边县文物管理办：《陕西靖边县杨桥畔渠树壕东汉壁画墓发掘简报》,《考古与文物》2017 年第 1 期。图像说明亦参考该文。

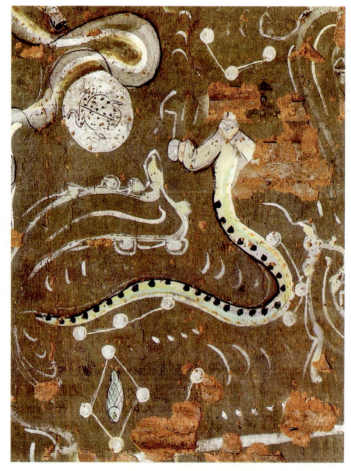

**图 2-95-3　陕西省靖边县杨桥畔渠树壕东汉墓室伏羲女娲壁画·女娲，东汉中晚期** [①]

　　图 2-95-1、2-95-2、2-95-3 画像出土于陕西靖边县杨桥畔渠树壕东汉壁画墓墓室券顶。伏羲、女娲位于券顶天象图的中心，伏羲居东，女娲在西，均为人首蛇身。伏羲戴锥形高冠，着白色内衣，穿交衽窄袖襦裙，腰束宽带，双臂展开，左手持白莲，右手持规，头顶墨书"伏羲"二字。女娲头部脱落，着白色内衣，穿交领左衽窄袖襦裙，腰束宽带，双臂展开，左手脱落，右手执矩，头顶墨书"女娲"二字。

---

　　① 陕西省考古研究院、靖边县文物管理办：《陕西靖边县杨桥畔渠树壕东汉壁画墓发掘简报》，《考古与文物》2017 年第 1 期。图像说明亦参考该文。

## （六）大同沙岭墓室壁画

**图 2-96　陕西省大同市沙岭墓室伏羲女娲壁画，北魏**[①]

　　此画像出土于陕西省大同市沙岭墓葬区。画像位于墓室甬道顶部。画像中伏羲、女娲皆为人首蛇身，蛇尾相交。伏羲、女娲皆戴花冠，双手拢于袖中，神态安详。二者头部中间有一饰有火焰纹的摩尼珠宝。周围饰有龙。

---

　　① 大同市考古研究所：《山西大同沙岭北魏壁画谬发掘简报》，《文物》2006 年第 10 期。图像说明亦参考该文。

## （七）吉安五盔坟墓室壁画

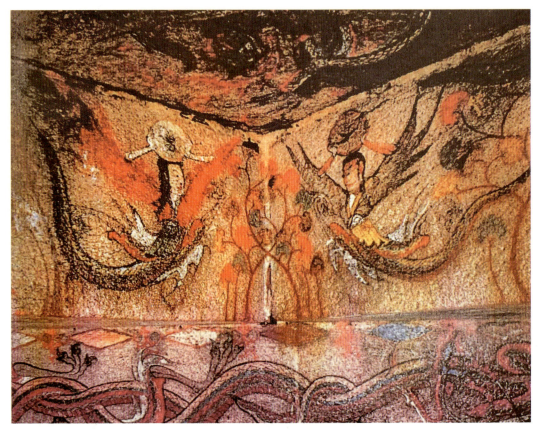

**图 2-97　吉林省集安市洞沟五盔坟墓室伏羲女娲壁画，6 世纪中叶至 7 世纪初** ①

此画像出土于吉林省集安市洞沟五盔坟四号墓，为藻井壁画。画像中，伏羲居左，女娲居右。伏羲、女娲均为人首蛇身，肩生两翼，伏羲双手举日轮在头顶，日轮中有金乌，女娲双手举月轮至头顶，月轮中有蟾蜍。

---

① 《中国墓室壁画全集·汉魏晋南北朝》，河北教育出版社 2011 年版，第 161 页。

## 三、画像砖和棺板画中的伏羲女娲

**图 2-98　甘肃省骆驼城苦水口 1 号墓伏羲女娲画像砖，魏晋时期**
**（甘肃省高台县博物馆藏，张毅 2021 年 9 月 22 日摄）**

此画像出土于甘肃省骆驼城苦水口 1 号墓。画像位于墓室中室顶部藻井，伏羲、女娲各占一块砖。伏羲、女娲均为人首蛇身，蛇尾相交，伏羲一手持日轮，日轮中有金乌，一手持规，女娲一手持月轮，一手持矩。

图 2-99　甘肃省高台县新坝乡许三湾墓群女娲画像砖，魏晋时期（甘肃省高台县博物馆藏，张毅 2021 年 9 月 22 日摄）

　　此画像出土于甘肃省高台县新坝乡许三湾墓群。画像中，女娲人首蛇身，面部已模糊难辨，手持矩，身前有月轮，月轮中有蟾蜍。

图 2-100　甘肃省高台县骆驼城南墓群伏羲画像砖，魏晋时期（甘肃省高台县博物馆藏，张毅 2021 年 9 月 22 日摄）

　　此画像出土于甘肃省高台县骆驼城南墓群。画像中，伏羲人首蛇身兽足，一手持日轮，日轮中有金乌，一手持规。

**图 2-101 甘肃省高台县骆驼城南墓群女娲画像砖，魏晋时期**
**（甘肃省高台县博物馆藏，张毅 2021 年 9 月 22 日摄）**

此画像出土于甘肃省高台县骆驼城南墓群。画像中，女娲人首蛇身兽足，一手持规，一手持月轮，月轮中有蟾蜍。

**图 2-102 酒泉钢铁公司公安处缴获伏羲女娲画像砖，北魏早期 [①]**

此画像砖于 2000 年由酒泉钢铁公司公安处缴获。画像砖长 40 厘米，厚 6.5 厘米。画像为彩绘，伏羲、女娲皆着长袍大袖服，服饰上有云气。

---

① 吕占光：《酒钢公安处缴获伏羲、女娲画像砖》，《丝绸之路》2000 年第 3 期。图像说明亦参考该文。

图 2-103　高台县新坝乡许三湾西南墓群伏羲女娲棺板画，前秦
（甘肃省高台县博物馆藏，张毅 2021 年 9 月 22 日摄）

　　画像出土于甘肃省高台县新坝乡许三湾西南墓群。画像中，伏羲、女娲皆人首蛇身，呈交尾状，伏羲胸前日轮中写"左日"，女娲胸前月轮中写"右月"。

**图 2-104 甘肃省高台县骆驼城东南墓群女娲棺板画，魏晋时期**
（甘肃省高台县博物馆藏，张毅 2021 年 9 月 22 日摄）

画像出土于甘肃省高台县骆驼城东南墓群。画像中，女娲人首蛇身兽足，腰间有月轮，月轮中有蟾蜍，左手持矩。

图 2-105　甘肃省高台县骆驼城东南墓群伏羲棺板画，魏晋时期
（甘肃省高台县博物馆藏，张毅 2021 年 9 月 22 日摄）

　　画像出土于甘肃省高台县骆驼城东南墓群。画像中，伏羲人首蛇身兽足，腰间有日轮，日轮中有金乌，右手持规。

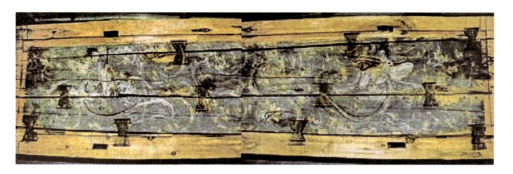

图 2-106-1　甘肃省嘉峪关新城 13 号墓伏羲女娲棺板画，魏晋时期 ①

图 2-106-2　甘肃省嘉峪关新城 13 号墓伏羲女娲棺板画局部·伏羲，魏晋时期 ②

---

①　王春梅：《魏晋棺板画上的伏羲女娲图》，《甘肃日报》2020 年 10 月 13 日。

②　中国美术全集编辑委员会编：《中国美术全集·绘画编 1 原始社会至南北朝绘画》，人民美术出版社 1986 年版，第 116 页。

**图 2-106-3　甘肃省嘉峪关新城 13 号墓伏羲女娲棺板画局部·女娲，魏晋时期**[①]

图 2-106-1、2-106-2、2-106-3 画像出土于甘肃省嘉峪关新城 13 号墓。画像位于漆木棺盖内面。伏羲、女娲皆为人首蛇身，伏羲在右，胸前有一日轮，日轮中有金乌，右手执规。女娲在左，胸前有一月轮，月轮中有蟾蜍，左手执矩。伏羲、女娲周围饰有云气纹。

---

① 中国美术全集编辑委员会编：《中国美术全集·绘画编 1 原始社会至南北朝绘画》，人民美术出版社 1986 年版，第 117 页。图像说明亦参考该书。

**图 2-107　甘肃省嘉峪关毛庄子魏晋墓伏羲女娲棺板画，魏晋时期** ①

　　此画像出土于甘肃省嘉峪关毛庄子魏晋墓女棺棺盖内顶，现藏于嘉峪关魏晋
墓区文物管理所。画像绘画以墨线为主，辅以赭红、黄等颜色。伏羲、女娲皆为
人首蛇身，蛇尾相交，伏羲头戴三尖帽，女娲梳长髻，伏羲在左、女娲在右，面
部相向，伏羲执矩、女娲执规。画像上部不甚清晰，下部有月轮，月中有蟾蜍。
四周有群山。

---

　　①　孔令忠、侯晋刚：《记新发现的嘉峪关毛庄子魏晋墓木板画》，《文物》2006 年第 11 期。图像说明
亦参考该文。

# 四、帛、绢、麻布画中的伏羲女娲

**图 2-108-1　长沙马王堆一号汉墓 T 形帛，西汉 [①]**

---

[①]　湖南省博物馆编：《长沙马王堆汉墓陈列》，中华书局 2017 年版，第 286 页。

**图 2-108-2　长沙马王堆一号汉墓 T 形帛局部** ①

　　图 2-108-1、2-108-2 画像出土于湖南长沙马王堆一号汉墓，出土时覆盖在内棺棺盖上，其用途为引导死者的灵魂升天。在该 T 形帛上部，日、月之间有一人，人首、人身、蛇尾，披发无冠，着蓝衣。孙作云、钟敬文等都认为此人是伏羲。②

　　① 湖南省博物馆编：《长沙马王堆汉墓陈列》，中华书局 2017 年版，第 286 页。
　　② 孙作云：《长沙马王堆一号汉墓出土画幡考释》，《考古》1973 年第 1 期；钟敬文：《马王堆汉墓帛画的神话史意义》，《中华文史论丛》1979 年第 2 辑。

**图 2-109　新疆吐鲁番伏羲女娲绢画，唐代** ①

　　画像出土于新疆吐鲁番，目前藏于中国历史博物馆。画像中，伏羲、女娲皆人首蛇身，蛇尾相交，四目相向，各一手搂抱对方腰部，另一手举起，伏羲执矩，女娲执规。伏羲、女娲头部之间绘日轮，日轮中有金乌，尾部之间有月轮，月轮中有兔、桂树、蟾蜍，同时画面布满了小圆点，应为星辰的象征。

---

① 中国美术全集编辑委员会编：《中国美术全集·绘画编 2 隋唐五代绘画》，人民美术出版社 1986 年版，第 16 页。

**图 2-110-1** 新疆吐鲁番伏羲女娲绢画，唐代 ①

---

① 中国美术全集编辑委员会编：《中国美术全集·绘画编 2 隋唐五代绘画》，人民美术出版社 1986 年版，第 16 页。

**图 2-110-2　新疆吐鲁番伏羲女娲绢画，局部**①

　　图 2-110-1、2-110-2 画像出土于新疆吐鲁番，目前藏于新疆维吾尔自治区博物馆。画像中，伏羲、女娲皆为人首蛇身，蛇尾多次相交，四目相向，相互搂住对方腰部，另一手举起，伏羲持矩，女娲持规。其头部之间有日轮，日轮中有金乌，尾部之间有月轮，月轮中似有桂树、蟾蜍等。画像周围饰有云气与星辰。

---

　　① 中国美术全集编辑委员会编：《中国美术全集·绘画编 2 隋唐五代绘画》，人民美术出版社 1986年版，第 17 页。

**图 2-111　新疆阿斯塔那 42 号墓伏羲女娲绢画，唐代（新疆维吾尔自治区博物馆藏，程鹏摄）**

　　画像出土于新疆阿斯塔那 42 号墓，画像中伏羲、女娲皆为人首蛇身，蛇尾多次相交，上身皆着宽袖衣服，下身共穿喇叭裙。伏羲、女娲面部相向，靠近的手相连接，另一手举起，伏羲持矩和墨斗，女娲持规。伏羲、女娲头部和尾部之间均有圆轮，画面整体还饰有星辰。

**图 2-112　伏羲女娲麻布画，唐代** ①

　　此画像出土于新疆阿斯塔那地区。画像中，伏羲、女娲皆为人首蛇身，蛇尾两次相交。伏羲头上戴簪，女娲梳高髻，二者上身皆着宽袖衣服，下身共穿喇叭裙。伏羲、女娲面部相向，靠近的手连成一体，另一手举起，伏羲持矩，女娲持规。伏羲、女娲头部之间和尾部之间均有圆轮，圆轮外又饰一圈相互连接的小圆轮，同时整个画像布满星辰。

---

　　①　马承源、岳峰主编：《新疆维吾尔自治区丝路考古珍品》，上海译文出版社 1998 年版，第 181 页。

图 2-113　新疆阿斯塔那第 76 号墓伏羲女娲麻布画，唐代 [1]

画像出土于新疆阿斯塔那第 76 号墓。画像中，伏羲、女娲皆为人首蛇身，蛇尾两交。伏羲在右，女娲在左，上身皆穿对襟衣服，下身共穿喇叭裙，二者面部相向，靠近的手连成一体，另一手举起，伏羲持矩和墨斗，女娲持规。二者头部上方和尾部之间均有圆轮，圆轮外又有一圈相互连接的白色小圆轮。画像整体布满了星辰。

---

① 新疆维吾尔自治区博物馆：《新疆维吾尔自治区博物馆》，文物出版社、株式会社讲谈社 1991 年版，第 145 页。

**图 2-114  黄文弼在新疆吐鲁番哈拉和卓地区征集的伏羲女娲画像，唐代** [1]

　　此画像为 1928 年黄文弼在新疆吐鲁番哈拉和卓地区征集到的伏羲女娲图，画像已严重损坏，目前可见伏羲在左、女娲在右，头部相向，相互靠近的手连为一体，伏羲似执矩，女娲似执规，伏羲、女娲头部之间有日轮，日轮中有金乌，日轮外饰一圈连接在一起的小圆轮。整个画像饰有星辰。

---

[1]　吕媛媛：《伏羲女娲图中天象刍议》，《收藏家》2020 年第 7 期。

**图 2-115　新疆阿斯塔那第 19 号墓伏羲女娲绢画，唐代** [1]

　　此为新疆阿斯塔那第 19 号墓出土的伏羲女娲绢画。画像中，伏羲、女娲均为人首蛇身，蛇尾三交，伏羲在左，女娲在右，伏羲女娲上身皆着对襟宽袖衣服，下身共穿喇叭裙，伏羲头上戴簪，女娲梳高髻，伏羲、女娲靠近的双手绕过对方脖子搭在对方肩上，伏羲手中持墨斗，女娲手中亦有持物，伏羲另一手举起持矩，女娲另一手举起持规。伏羲、女娲头部上方、尾部之间分别有日轮和月轮。整个画像饰以星辰。

---

　　① 吕媛媛：《伏羲女娲图中天象刍议》，《收藏家》2020 年第 7 期。

# 第三章　名家绘画中的伏羲女娲

伏羲、女娲也常常出现在名家绘画中。本章将呈现部分名家绘画中的伏羲女娲形象。

## 一、东晋·顾恺之《洛神赋图》女娲摹本

图 3-1　《洛神赋图》女娲（宋代摹本，北京故宫博物院馆藏）①

《洛神赋图》是东晋顾恺之根据曹植《洛神赋》创作的名画，历来摹本众多，辽宁省博物馆、北京故宫博物院、美国弗利尔美术馆均有收藏。该摹本为北京故宫博物院馆藏本。摹本中的女娲上半身为人形，下半身有兽足，姿态婀娜，衣袂飘飘，极具女性柔美的特征。

---

① 杨伯达主编，杨新、单国强副主编：《故宫文物大典》第 1 卷（绘画），福建人民出版社、浙江教育出版社、江西教育出版社、紫禁城出版社 1994 年版，第 4 页。

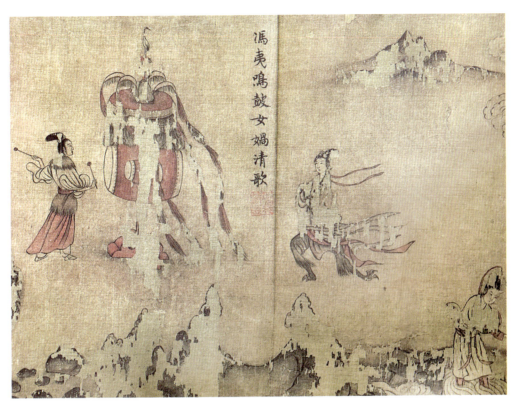

**图 3-2　《洛神赋图》女娲（辽宁省博物馆藏）**①

　　与北京故宫博物院馆藏摹本相比，该摹本中的女娲形象更为古拙，其兽足更为突出，旁有题字"冯夷鸣鼓女娲清歌"。

---

① 徐凯凯编著：《顾恺之·洛神赋图》，湖北美术出版社 2013 年版。

# 二、宋·马麟《伏羲像图》

**图 3-3　马麟伏羲像图，南宋** ①

　　此像轴为南宋画家马麟于宋理宗淳祐元年（1241 年）所作的《道统十三赞》配图之一，伏羲画像是十三幅画像中的第一幅，现藏于台北故宫博物院。画像中的伏羲凤目长髯，身披兽皮，端坐野外，神态宁静，似在沉思。左脚前方有一乌龟，右脚前方有一八卦。图像赞语说："朕获承祖宗右文之绪，祗遹燕谋，日奉慈极，万几余闲，博求载籍。推迹道统之传，自伏羲迄于孟子，凡达而在上其道行，穷而在下其教明，采其大指，各为之赞，虽未能探颐精微，姑以寓尊其所闻之意云尔。宓羲　继天立极，为百王先。法度肇建，道德纯全。八卦成文，三坟不传。无言而化，至治自然。"②

---

① 启功主编：《中国历代绘画精品·人物卷：墨海瑰宝》，山东美术出版社 2003 年版，第 179 页。
② 原文无标点，标点为作者添加。

## 三、宋·孙知微《伏羲像图》

**图 3-4　孙知微《伏羲像图》，宋代 ①**

　　此像轴为宋代画家孙知微所作。孙知微，字太古，号华阳真人，眉州彭山（今属四川）人，出身农家，信道教，擅长画道释人物，为道释画的主要代表。传由其所作的《伏羲像图》现藏于日本大阪市立博物馆。②画像中，伏羲赤脚坐于树下的岩石上，鹤发白须，所穿衣服中搭配了树叶和鹿皮，眼睛望向前方，似在沉思，脚指甲长而白，右脚踩一只乌龟。

---

① 《中国历代绘画图谱　人物鞍马》，上海人民美术出版社 1996 年版，第 153 页。

② 虞国云主编：《宋代文化史大辞典》上，汉语大词典出版社 2006 年版，第 399 页。

# 四、元·李康《伏羲》画像

**图 3-5　李康伏羲画像，元代** [1]

此画像由元代桐庐画家李康所作，以白描的方式完成。画像中，伏羲面貌古拙，头上生角，穿树叶衣，赤脚坐于野外岩石上，手臂腿部肌肉分明，左手拿纸，右手执笔，似在边观察与思考，边画八卦。

---

[1]　杨永青：《历代写意人物画欣赏》，上海人民美术出版社 1985 年版，第 60 页。

# 五、明·仇英《伏羲》画像

**图 3-6　仇英《伏羲》画像，明代** ①

　　此画像为明代画家仇英所作。画面中，伏羲头上生麟角，蓄须，端坐于水滨，似在沉思，伏羲身前地上画有八卦，旁边水浪滔滔的河里，有龙马回头望向伏羲。画像旁边文字内容为：臣顾可学稽首顿首赞曰：圣人继天，卦统方圆。仰观俯察，三极无偏。右图赞臣可学谨按：《易·系辞》曰：古者庖羲氏之王天下也，仰则观象于天，俯则观法于地，观鸟兽之文与地之宜。于是始作八卦以通神明之德，以类万物之情。《五帝纪》曰：伏羲氏因龙马负图出于河之瑞以龙纪官故谓龙师而龙名。

---

① （明）仇英：《帝王道统万年图》。

# 六、明·郭诩《伏羲》画像

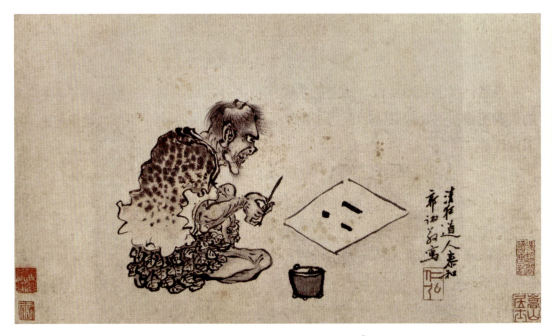

图 3-7 郭诩《伏羲》画像，明代 ①

此画像由明代画家郭诩所作，现藏于上海博物馆。画像中，伏羲面貌古拙，着兽皮衣和树叶衣，跪坐于地，执笔画八卦。

---

① 田兆元、唐睿、毕旭玲：《中华创世神话人物图像谱系》，上海人民出版社 2020 年版，第 49 页。

# 七、清·姚文翰《伏羲氏真像》像轴

图 3-8　姚文翰《伏羲氏真像》像轴，清代 ①

　　此像轴由清代画家姚文翰所作，属于姚氏所作《历代帝王真像》中的第一幅。画像中，伏羲凤目蓄须，散发，神态安详，旁边题词曰："太昊伏羲生于成纪风姓木德王都陈立百十五年。"

---

① （清）姚文翰：《历代帝王真像》。

# 八、清·任伯年《女娲炼石》画像

**图 3-9　任伯年《女娲炼石图》，清代** ①

　　此画像由清代画家任伯年作于 1888 年。画像中，女娲长发，神色宁静，着褶皱层叠刚硬如石般的长裙，端坐于岩石旁，裙尾露出短短一截蛇尾。

---

① （清）任伯年绘、肖威选编：《任伯年人物精品选》2，江西美术出版社 2002 年版，第 14 页。

# 第四章　古籍插图中的伏羲女娲

本章将呈现目前所见的古籍插图中的伏羲女娲图像，主要包括《开辟演义》《盘古至唐虞传》《列国前编十二朝》《廿四史通俗演义》《三才图会》《历代古人像赞》等中的伏羲女娲插图。

## 一、明·《开辟演义》伏羲女娲插图

图 4-1　伏羲八卦治天下，明代 ①

---

① （明）周游：《新刻按鉴编纂开辟衍绎通俗志传》（《开辟演义》），古吴麟瑞堂刊本。

此插图出自古吴麟瑞堂藏板。插图呈现了伏羲画八卦时的情形，小说中说，燧人氏之女诸英履巨人足迹而怀孕生伏羲于成纪。伏羲"首若蛇形，身长三丈六尺。仰观星象于天，俯察山川于地。人民感戴，推之为君"。

**图 4-2　龙马负河图治书，明代 ①**

此插图中，伏羲与两侍从站在孟河边，着树叶衣，双手交叠搭腹部，河中，长翅膀的龙马负箱奔出。《开辟演绎》中所讲述伏羲与龙马的故事概要为：有人报孟津河中出现一似龙非龙、似马非马的巨兽，女娲劝伏羲备香案前去查看。到孟津河边，伏羲见到巨兽，即在香案前礼拜，龙马负箱而出，箱中所藏为河图洛书。

---

① （明）周游：《新刻按鉴编纂开辟衍绎通俗志传》（《开辟演义》），古吴麟瑞堂刊本。

**图4-3 女娲兴兵征共工，明代** ①

　　此插图呈现了女娲征共工的情形。《开辟演绎》记载说，女娲乃伏羲之妹，"生而神灵，面如傅粉，齿白唇红，身长二丈五尺"，伏羲去世之后，女娲继位。镇守孟河的共工造反，女娲兴兵征共工，得胜而还。

---

① （明）周游：《新刻按鉴编纂开辟衍绎通俗志传》(《开辟演义》)，古吴麟瑞堂刊本。

**图 4-4　女娲氏炼石补天，明代 ①**

　　此插图呈现了女娲炼石时的情形。《开辟演绎》说，共工与祝融大战，共工头触不周山，"天柱折，地维缺。天不满西北，地不足东南"。女娲找来"青黄赤白黑五色石，杂七宝于中，入八卦炉内用火炼七七四十九昼夜"以补苍天。

---

① （明）周游：《新刻按鉴编纂开辟衍绎通俗志传》（《开辟演义》），古吴麟瑞堂刊本，第 7 页。

## 二、明·《盘古唐虞传》伏羲女娲插图

图 4-5　太昊母与飞虹相交，明代 ①

此插图呈现了太昊伏羲母与飞虹相交的情形。据小说原文说，太昊母"居于华胥之渚"，"一日其母将暮时出游于郊外，猛见地上有个巨人脚迹。忽然心动，意此巨人。谁知此念一萌，便感动那天上的虹，便飞将下来，将圣人母绕住。彩色四注，神气交孚。一霎时虹飞上天。圣母步归，自此圣母因虹交而有妊，生帝于成纪"。

图 4-6　圣母生伏羲于成纪 ②

①② （明）《盘古至唐虞传》下，金陵余季岳刊本，第 1 页。

　　此插图呈现了伏羲母亲生伏羲时的情形。小说中说，伏羲母亲履大人迹，与虹相交而有妊，生伏羲于成纪。伏羲"生得蛇首人身，后来以木德继天而王"。

**图 4-7　伏羲氏画阴阳八卦** ①

　　此插图呈现了伏羲在山峦天地间画阴阳八卦的情形。小说中说，伏羲"仰观天上日月星辰之象，俯察地内山川陵谷之形。高下原显之宜，中观万物鸟兽羽毛之文、飞潜动植之殊，见理总不外于阴阳，于是画一奇以象阳，画一偶以象阴，以奇偶二画加成八卦"。

**图 4-8　伏羲教民六种书法** ②

---

①② 　（明）《盘古至唐虞传》下，金陵余季岳刊本，第 2 页。

　　此插图呈现了伏羲在树下作书契的情形。小说中说，"伏羲氏思燧人氏教民结绳的法，虽则便民，却不是垂得永久的，乃教民刻木画字于上，曰，这叫书契。不必结绳，设有六种书法。于是天下义理必归文字，文字必归六书"。

图 4-9　伏羲设民间嫁娶法 ①

　　此插图呈现了民间嫁娶情形。小说中说，伏羲"又思燧人氏虽则立个男子三十而娶，女人二十而嫁的法，男女还是无别的。于是分个以女从夫，曰这名唤作嫁，娶女为妻，曰这名唤作娶"。

图 4-10　龙马负图授伏羲氏 ②

①②　（明）《盘古至唐虞传》下，金陵余季岳刊本，第 3 页。

此插图呈现了龙马负图授伏羲的情形。小说中说，"孟河上忽然见跃出一只龙马来。这马生得马身龙鳞，高八尺五寸，又类骆，有翼生脊上，踏水不没，身上负个河图。报知伏羲氏，伏羲氏见了道，'此龙马也，天地之精英，背上是天地未泄之秘，今负图而出，天地之秘泄矣'"。

图 4-11　伏羲听风吹木叶声 ①

此插图呈现了伏羲背手在林间听风的情形。小说中说，"伏羲氏看风来吹那树上木叶之声，仔细辨审，惟桐树之音最为清微，于是削桐木制为一琴"。

图 4-12　伏羲削桐木以制琴 ②

①② （明）《盘古至唐虞传》下，金陵余季岳刊本，第4页。

此插图呈现了伏羲抱着桐木制成的琴的情形。小说中说，"伏羲氏看风来吹那树上木叶之声，仔细辨审，惟桐树之音最为清微，于是削桐木制为一琴"。

图 4-13　女娲炼五色石补天 ①

此插图呈现了女娲炼石的情形。画面中，女娲是凡俗女子的形象，手拿蒲扇坐于山峦之间，其前火苗蹿起，正炼五色石。小说中说，共工怒触不周山之后，女娲"乘云往不周山下，聚起五色石，炼就五行之气，五行气生，结成天体，将天补就"。

图 4-14　共工与女娲氏大战 ②

此插图呈现了女娲与共工交战的情形。小说中说，共工怒触不周山之后，又弄起滔滔洪水祸害人间，女娲乘风云去诛共工，双方交战，女娲神通广大，共工威力不济，被女娲一刀杀死。

---

①② （明）《盘古至唐虞传》下，金陵余季岳刊本，第 6 页。

图 4-15　女娲氏诛杀共工 ①

此插图呈现了女娲诛杀共工的情形。画面中，女娲位于中心，一手举剑，一手指向共工，似在数落共工，而共工已经身首异处。

## 三、明·《列国前编十二朝》伏羲女娲插图

图 4-16　诸英华胥生伏羲氏 ②

此插图出自明万历年间的《列国前编十二朝》( 余象斗编集，三台馆发行 )。该书叙述了自盘古开天辟地至商朝末年的史实传闻故事，书中有全页插图和上图

---

① （明）《盘古至唐虞传》下，金陵余季岳刊本，第 7 页。

② 《古本小说集成》编委会编：《古本小说集成》第 3 辑 45（列国前编十二朝），上海古籍出版社2017 年版，第 51 页。

下文两种版式，插图内容颇为丰富。该图表现了伏羲母生伏羲的情形。书中说，伏羲之母入山中闲嬉，见一巨人脚迹，履之，"忽然虹光罩身因而始娠怀十六个月生帝于成纪。长成三十有六岁，身长三丈六尺，首若蛇形"。

图 4-17　女娲氏奏帝排驾去孟河 ①

此插图中，伏羲端坐案前，女娲跪奏。书中说，有民在孟河发现一似马非马似龙非龙怪兽，女娲以为是吉兆，劝伏羲氏亲往查看。女娲与伏羲同母所生，为伏羲之妹，"面如傅粉，唇红齿白，身长二丈五尺"，辅佐伏羲氏"正婚姻"等。

图 4-18　龙马负河洛授太昊氏 ②

① 《古本小说集成》编委会编：《古本小说集成》第 3 辑 45（列国前编十二朝），上海古籍出版社 2017 年版，第 59 页。
② 《古本小说集成》编委会编：《古本小说集成》第 3 辑 45（列国前编十二朝），上海古籍出版社 2017 年版，第 60 页。

此插图出自《列国前编十二朝》。画像中，身生羽翼的龙马背负八卦，太昊伏羲氏在岸边跪拜迎接。

图 4-19 帝命女娲氏向前取负箱 ①

此插图中，女娲向前取龙马身上的八卦，眼睛则望向伏羲，伏羲站于一旁，二人似在交谈。

图 4-20 伏羲氏作八卦通变阴阳 ②

此插图中，伏羲氏着帝装，坐而画八卦，两边文字说，"伏羲氏作八卦，通变阴阳"。

---

① 《古本小说集成》编委会编：《古本小说集成》第 3 辑 45（列国前编十二朝），上海古籍出版社 2017 年版，第 61 页。

② 《古本小说集成》编委会编：《古本小说集成》第 3 辑 45（列国前编十二朝），上海古籍出版社 2017 年版，第 64 页。

图 4-21　女皇承太昊位众臣朝贺 ①

此插图中，女娲着帝装，端坐，两臣子跪奏。书中，伏羲、女娲为同母所生兄妹，皆为人间帝王形象。伏羲去世后，女娲继承太昊之位。

图 4-22　女皇炼石补天中柱 ②

此插图中，女娲坐于岩石上，手执扇，扇眼前的炼石火焰。书中说，女娲命人"寻青黄赤白黑五色石，用七宝杂于中，泥一八卦炉，用火炼七七四十九昼夜" ③，炼成补天石，补天中柱。

---

① 《古本小说集成》编委会编：《古本小说集成》第 3 辑 45（列国前编十二朝），上海古籍出版社 2017 年版，第 66 页。

② 《古本小说集成》编委会编：《古本小说集成》第 3 辑 45（列国前编十二朝），上海古籍出版社 2017 年版，第 81 页。

③ 标点符号为作者添加。

## 四、明·绘《山海经》女娲插图

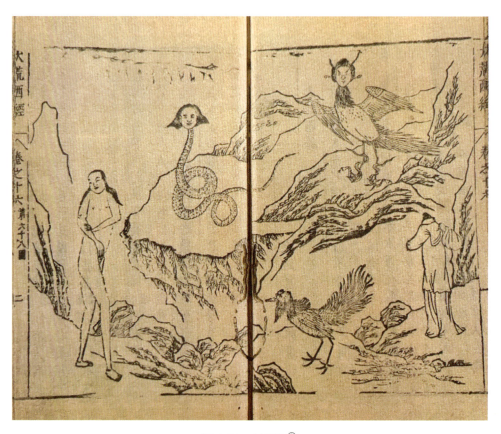

图 4-23　女娲图 [①]

　　此图出自明万历年间蒋英镐绘图的《山海经》。图中，女娲为人首蛇身，人首之下完全为蛇身，无手足，中长发，面带微笑。《山海经·大荒西经》中说，"有神十人，名曰女娲之肠，化为神，处栗广之野，横道尔处"。郭璞注云，"女娲，古神女而帝者，人面蛇身，一日之中七十变，其腹化为此神"。[②]

———————————

① （明）郭璞注、蒋应镐绘图：《山海经·大荒西经》，明万历时期刊本，第 2 页。
② 袁珂校注：《山海经校注》，巴蜀书社 1992 年版，第 445 页。

## 五、明·《有夏志传》女娲插图

图 4-24　女娲氏腹肠化为神 ①

　　此图出自明末《有夏志传》。图中，女娲为人首蛇身形象，短发，穿行于山峦之间，两边文字说，"女娲氏腹肠化为神"。文中说，女娲人面蛇身，一日有七十变化，其腹肠化为神，住在栗广之野，横道而处。

---

① （明）《有夏志传》第 1 卷，明金陵书林余季岳刊本，第 46 页。

# 六、明·《封神演义》女娲插图

**图 4-25　纣王女娲宫进香** ①

　　此图出自《封神演义》明代舒冲甫刊本。画面下半部分是纣王浩荡的进香队伍，画面上部是端坐女娲宫的女娲及其香案。女娲呈帝王形象。《封神演义》中说，三月十五日是女娲娘娘的圣诞之辰，女娲有圣德，共工触不周山时，天倾西北，地陷东南，女娲炼五色石补天，百姓因此修女娲宫祭祀她。大臣建议纣王于女娲娘娘诞辰之日去进香。

---

　　① （明）许仲琳：《封神演义》，明舒文渊刻本。

## 七、明·《绣像封神演义》女娲插图

**图 4-26　女娲娘娘** [①]

此插图中，女娲呈仕女形态，面容俊秀，衣袂飘飘。手中持物应为补天石。

---

① （明）许仲琳：《绣像封神演义》上，山东画报出版社 2003 年版，第 1 页。

# 八、清·《离骚图》女娲插图

**图 4-27　女娲** ①

此图出自刊刻于清顺治年间的《离骚图》，作者为萧云从。画像为木刻版。画像中，女娲人首蛇身盘踞于拔地而起的岩石上，周围火焰熊熊，女娲神态安然，双手托举起炼好的补天石。画面极富感染力。

---

① （清）萧云从：《离骚图》，徽派刻工汤用先刻板。

# 九、清·《古今图书集成·神异典》女娲插图

图 4-28 女娲神图 [1]

此图出自清代《古今图书集成·神异典》。图中，女娲人首蛇身，无手足，长发披于脑后，面庞俊秀，神态怡然，盘坐于山林之间。

---

[1] 胡进杉、叶淑慧文字撰述：《天上人间：儒释道人物版画图绘特展》，台北故宫博物院 2009 年版，第 22 页。

# 十、明·《三才图会》伏羲插图

**图 4-29　太昊伏羲氏** ①

此图为明代《三才图会》插图。《三才图会》是由王圻、王思义父子撰辑的图录类书，书成于明万历年间，共 105 卷。其中人物卷卷一收录了历代帝王图，伏羲为其中第五图。图中，伏羲头上生角，目光有神，穿草衣，右手执笔，正画八卦。

---

① （明）王圻、王思义撰辑：《三才图会》，明万历三十七年（1609 年）原刊本。

## 十一、明·《古先君臣图鉴》伏羲插图

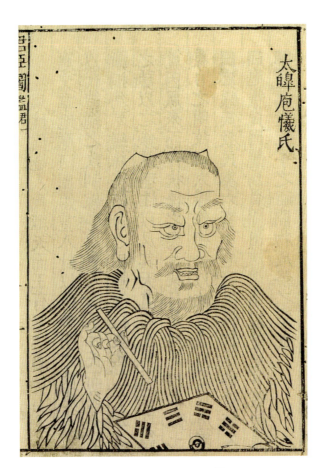

**图 4-30　太昊庖牺氏** [1]

　　此图出自《古先君臣图鉴》，约明万历时期益藩阴刻绣像本，共收录君臣图像 144 幅。伏羲图像位居三皇之首，其头上生角，怒目圆睁，耳阔，右手执笔，正画八卦。其中小传说，伏羲风姓，代燧人氏继天而有圣德。其功德包括画八卦、造书契、制嫁娶、正姓氏、造琴瑟埙篪、作网罟、教民蓄六畜等。

---

[1]　（明）《古先君臣图鉴》，约明万历时期益藩阴刻绣像本。

## 十二、清·《廿四史通俗演义》伏羲插图

**图 4-31　宓羲画八卦** ①

　　此插图出自《廿四史通俗演义》光绪庚寅广百宋斋石印本。图中，河流之滨树下，伏羲坐于案前，远处群山起伏。伏羲蛇面人身，着树叶衣，正聚精会神地画八卦，其身后两侍者手中各抱厚厚的一摞纸。河里龙马奔腾。书中这样描述龙马："龙首马身而龙鳞，高八尺五寸，形似骆驼，左右有翼。"

---

① （清）《廿四史通俗演义》，光绪庚寅广百宋斋石印本。

## 十三、清·《历代神仙通鉴》伏羲插图

**图 4-32 伏羲神农** [1]

　　此图出自《神仙通鉴》。图中，伏羲、神农赤脚坐于山峦之间，皆着树叶衣，伏羲手持八卦。

---

[1] （清）张继宗、黄掌纶同订：《历代神仙通鉴》第 1 卷，页码不清。

# 十四、其他伏羲插图

**图 4-33　伏羲** ①

　　此图为宋代版画，画像中伏羲呈半身像，穿树叶衣，眼睛望向远方，一手拿纸，一手执笔，纸上有正在绘制的八卦。

---

① 郭馨、廖东编：《中国历代人物像传续编》1，齐鲁书社 2014 年版，第 413 页。

**图 4-34　伏羲像**<sup></sup>①

　　此图为明代版画，画像中，伏羲穿草衣，头上生角，怒目圆睁，右手握笔，正在画八卦。旁有题字说，"卦画光天道开前古　六经之源群圣之祖"。

---

①　郭馨、廖东编：《中国历代人物像传》1，齐鲁书社 2002 年版，第 8 页。

# 第五章　庙宇塑像与壁画中的伏羲女娲

　　本章将着重呈现当代庙宇中伏羲女娲相关塑像以及庙宇内和庙宇周边伏羲女娲相关绘画，区域上涉及山东、山西、河北、河南、甘肃等地。

## 一、甘肃敦煌莫高窟伏羲女娲壁画

图 5-1　敦煌莫高窟第 285 窟伏羲女娲壁画 ①

　　此壁画位于敦煌莫高窟第 285 窟主室东坡。画面中央为二力士共举莲花摩尼宝珠，伏羲、女娲在宝珠两侧，皆为人首兽足蛇尾，腹部各有一圆轮，伏羲在右，手持矩和墨斗，女娲在左，手持规。

---

　　① 《敦煌石窟艺术：莫高窟第二八五窟（西魏）》，江苏美术出版社 1995 年版，第 141 页。

## 二、河北石家庄毗卢寺后殿壁画中的伏羲女娲画像

**图 5-2　河北省石家庄市毗卢寺伏羲女娲壁画**[①]

　　此壁画为河北省石家庄市毗卢寺后殿西壁壁画《三界诸神图》。其创作年代说法不一,一些研究者认为其为元代壁画,但多数学者将其看作明代壁画。壁画画像旁有题字"伏羲女娲和神农",伏羲应为着树叶衣者,旁边为神农氏,伏羲、神农似在交谈。在画面边缘有一女像,相貌端庄慈悲,双手合十,疑为女娲。

---

[①]　《中国寺观壁画全集·元代寺观水陆法会图》,广东教育出版社 2011 年版,图版第 180—181 页。

## 三、山西新绛稷益庙三圣殿东壁壁画中伏羲画像

**图 5-3　山西省新绛稷益庙三圣殿伏羲壁画** ①

　　此壁画在山西省新绛稷益庙三圣殿东壁，为明代壁画。所谓三圣是指太昊伏羲氏、炎帝神农氏、轩辕黄帝氏。其中，伏羲氏位居中央，为完全的人形，帝王相。神农氏、轩辕氏分列两侧，亦帝王相。

---

　　① 品丰、苏庆编：《历代寺观壁画艺术》第 1 辑（新绛稷益庙壁画、繁峙公主寺壁画），重庆出版社 2001 年版。

## 四、甘肃天水伏羲庙伏羲塑像

图 5-4　甘肃天水伏羲庙先天殿明代伏羲圣像（闫鹏飞摄，胡兆凡提供）①

　　此像为明代伏羲塑像，坐像，现存于甘肃省天水市伏羲庙先天殿内。伏羲身披黄袍，着绿色树叶衣，目光炯炯有神，手持太极八卦。先天殿内还有龙马塑像，墙上有关于伏羲创世功绩的壁画。

---

① 田兆元、唐睿、毕旭玲：《中华创世神话人物图像谱系》，上海人民出版社 2020 年版，第 81 页。

## 五、河南淮阳太昊陵伏羲女娲塑像与壁画

**图 5-5　淮阳太昊陵（王均霞 2021 年 4 月 18 日摄）**

此为河南省淮阳市太昊陵午朝门，为太昊陵入口。太昊陵又称人祖庙，位于淮阳县城北蔡河北岸，传说伏羲画八卦，制嫁娶之礼，教民从事渔猎畜牧，后人尊其为"人类的始祖"，在此建墓祭祀。[①] 每年二月初二到三月初三，这里有盛大的庙会，祭祀人祖伏羲。

---

① 河南省地名词典编纂委员会编：《中华人民共和国地名词典：河南省地名词条选编》（内部资料），1984 年印。

**图 5-6　淮阳太昊陵统天殿伏羲金像（王均霞 2021 年 4 月 18 日摄）**

塑像塑于 2004 年。伏羲呈坐姿，头上生角，身穿树叶衣，披黄袍，手持太极八卦，两边还各有一小金像，其身后木雕上的图案应为龙马。

**图 5-7　伏羲画八卦（王均霞 2021 年 4 月 18 日摄）**

　　此为太昊陵统天殿内石刻壁画之一。画像中，伏羲位于中心，赤脚端坐，头上生角，蓄须，穿树叶衣和兽皮衣，两手持太极八卦。头上方饰有龙凤，周围是虔诚跪拜的人们。

**图 5-8　伏羲氏以龙纪官（王均霞 2021 年 4 月 18 日摄）**

此亦为太昊陵统天殿内石刻壁画之一。画像中，伏羲位于中央，赤脚端坐，周围饰以龙和云气。旁边文字说，"龙官八方羲皇驭之　幸甚至哉永垂万世"。

图 5-9　淮阳太昊陵显仁殿女娲金像（王均霞 2021 年 4 月 18 日摄）

　　此雕像为太昊陵显仁殿内的女娲金像。女娲站相，着树叶衣，右手擎补天石，左手抱一婴儿，两边又各有一较小的女金像。

**图 5-10　女娲功绩壁画（王均霞 2021 年 4 月 18 日摄）**

此为太昊陵显仁殿女娲金像背面壁画。壁画呈现了女娲补天、造人、降蛟龙等功绩，画面中既有女娲双手擎起补天石补天的情形，也有女娲降服蛟龙的情形，还有女娲抟土造人的情形，远处还有人在跳舞，女娲为完全的人形。画面上方的金字概括了女娲的功德：炼彩石补苍天，抟黄土造生灵，断鳌足立四极，积芦灰止淫水，杀黑龙济冀州，作笙簧兴乐舞。

## 六、河南淮阳西华女娲城伏羲女娲塑像与壁画

图 5-11　女娲皇娘（张多 2021 年 4 月 18 日摄）

此塑像中，女娲呈女帝王相，头戴冕旒，披黄袍，相貌有菩萨相。

**图 5-12　滚磨成亲（张多 2021 年 4 月 18 日摄）**

　　淮阳当地广泛流传着伏羲、女娲滚磨成亲的故事。此即为西华女娲城内壁滚磨成亲壁画。画像中，伏羲长发，着兽皮衣，手中滚一磨盘，在石崖右边，女娲长发着树叶衣，手中滚一磨盘，在石崖左边，画面中间有一神仙立于云端，正注意着伏羲、女娲滚磨。

## 七、河北涉县娲皇宫伏羲女娲塑像与壁画

**图 5-13　涉县娲皇宫入口（丁思瑶 2018 年 7 月 11 日摄）**

　　娲皇宫位于河北省涉县城西北东唐王峧沟悬崖绝壁上，始建于北齐，是一处古代神庙建筑群，分山上、山下两部分。山上是娲皇宫的主体建筑。每年三月初一到三月十八是庙会，传说三月十五日是女娲神诞日。[①] 此图为娲皇宫入口。牌楼上方书"娲皇宫"三个金字。

------

　　① 涉县地方志编纂委员会编：《涉县志》，中国对外翻译出版公司 1998 年版。

**图 5-14　娲皇圣母（丁思瑶 2018 年 7 月 11 日摄）**

　　此为娲皇宫清虚阁内女娲塑像。女娲端坐在莲花座上，凤冠霞帔，眉眼低垂，右手持一铜壶，左手亦持物。其坐像前有若干塑料娃娃。

**图 5-15　女娲塑像（丁思瑶 2018 年 7 月 11 日摄）**

　　此为娲皇宫梳妆楼内女娲塑像。女娲凤冠霞帔，眉眼低垂，赤脚，一腿盘起，双手手指呈莲花指举至胸前，手中持物。

**图 5-16　娲皇圣母（丁思瑶 2018 年 7 月 11 日摄）**

此为娲皇宫造化阁内女娲塑像。女娲凤冠霞帔，端坐，眉眼低垂，手中持一胖娃娃，其塑像前有若干塑料娃娃。两边对联为"吊庙凌云惊天地，活楼悬空济苍生"。所谓"吊庙""活楼"是指娲皇阁建于山腰高台，建筑背后与崖壁不相连，人多时阁楼会左右摇晃前倾，因而明朝工匠用锁链将阁楼固定在悬崖上，当它前倾时，锁链就会绷紧，将阁楼拉回。

**图 5-17　娲皇圣母（丁思瑶 2018 年 7 月 11 日摄）**

　　此塑像为娲皇宫补天阁内女娲塑像，坐像。女娲凤冠霞帔，眉眼低垂，赤脚，一腿盘起。其像前有若干塑料娃娃。两边对联为"抟土引用一漳水，补天炼就五色石"。当地民间故事说，女娲是用当地清漳河的水造人的，补天的五彩石也是从清漳河里取出来的。

**图 5-18 女娲壁画（丁思瑶 2018 年 7 月 11 日摄）**

此壁画位于娲皇宫造化阁内。画像展示了女娲战黑龙、抟土造人等功绩。画像中，女娲形象俊美，战黑龙的女娲有女侠气，抟土造人的女娲柔美有母性。

**图 5-19 女娲壁画（丁思瑶 2018 年 7 月 11 日摄）**

此壁画位于娲皇宫造化阁内。画像展示了女娲降服黑龙、造笙簧等功绩。画像中，女娲梳高髻端坐，黑龙被枷锁锁住。画面中还有一男一女在吹笙簧跳舞。

图 5-20　女娲补天（丁思瑶 2018 年 7 月 11 日摄）

此壁画位于娲皇宫补天阁内。画像中，女娲和持炼石炉的侍女形象俊美，呈飞翔状，炼石炉内火焰纷纷，女娲双臂张开，作补天状。整幅画面充满了流动的气息。

图 5-21　女娲炼石（丁思瑶 2018 年 7 月 11 日摄）

此壁画位于娲皇宫补天阁内。画像中，女娲形象俊美，头戴凤钗，坐于炼石炉前，炼石炉里火光熊熊，旁边有一侍女跪地摇扇助力。

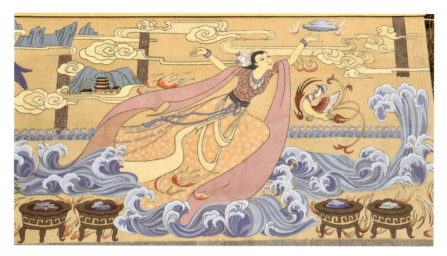

**图 5-22　女娲补天（孙伟伟 2020 年 7 月 14 日摄）**

此壁画位于娲皇宫入口处。画像中，女娲形象俊美，头戴花，衣袂飘飘，呈飞翔状，双臂张开，作补天状，画面下方有四个炼石炉，其旁还有一只凤鸟。

**图 5-23　女娲斩黑龙（孙伟伟 2020 年 7 月 14 日摄）**

此壁画位于娲皇宫内。画像中，女娲呈干练女侠形象，头戴凤钗，利剑刺向黑龙，黑龙似无招架之力。

图 5-24　万民朝拜（丁思瑶 2018 年 7 月 11 日摄）

　　此浮雕位于娲皇宫内。浮雕中，女娲呈坐像，头上簪花，戴耳环，容貌俊美，她一手指向远方，一手擎起，周围饰有龙、凤、飞鸟以及跪地朝拜的民众。

图 5-25　女娲抟土造人（丁思瑶 2018 年 7 月 11 日摄）

　　此浮雕中，女娲长发，头戴牡丹花，正低头抟土造人。浮雕下部有很多人。另外，浮雕一角还刻有弯月及蟾蜍，清晰地融合了墓室祠堂绘画中女娲的相关表达元素，女娲成为月神与阴阳中"阴"的观念的象征。

图 5-26 女娲斩恶龙（丁思瑶 2018 年 7 月 11 日摄）

此浮雕位于娲皇宫内。浮雕中，女娲头戴牡丹花，手持利剑，斩向恶龙。画面上方还有太阳，太阳中有飞翔的三足鸟，画面下方有月亮，月亮中有奔兔。

图 5-27 女娲断鳌足以立四极（丁思瑶 2018 年 7 月 11 日摄）

此浮雕位于娲皇宫内。浮雕中，女娲头戴牡丹，面庞俊秀，呈飞翔姿态，画面的左边有巨大的鳌足，右边又有两个较小的鳌足。画面中还加入了交尾的伏羲、女娲形象。

**图 5-28　娲皇宫女娲雕像（丁思瑶 2018 年 7 月 11 日摄）**

　　此雕像位于娲皇宫女娲文化广场。雕像为女娲站像，高 9.9 米。女娲梳髻，眉眼微垂，呈菩萨像，腰缠兽皮，系虎扣，右手捧补天石，脚边有祥云。庙会时，女娲像前会设祭台，以祭祀女娲。

图 5-29　娲皇宫伏羲雕像（丁思瑶 2018 年 7 月 11 日摄）

此雕像为伏羲坐像，长发，蓄须，上半身着树叶衣，躯干及四肢肌肉分明，充满力量，眼睛望向远方，左手放在大腿上，右手抱持太极八卦，其右腿边有充满动感、似在飞翔的龙马。

**图 5-30　娲皇宫女娲补天雕塑（丁思瑶 2018 年 7 月 11 日摄）**

　　此雕像位于娲皇宫内女娲文化馆。雕像为白色，一边是云气环绕的岩石，一边是处在云端的女娲，女娲长发飘飘，双手举起补天石。

## 八、山东微山伏羲陵庙伏羲女娲塑像及其周边村落街头壁画

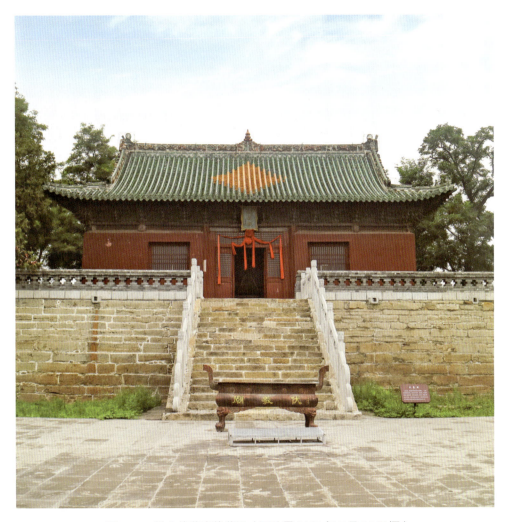

图 5-31　微山伏羲庙伏羲殿（王均霞 2019 年 7 月 25 日摄）

此处为山东省济宁市微山县两城镇伏羲庙内的伏羲殿，殿建于陵上。陵台整体台高 4.6 米，长 40.5 米，宽 34.6 米。该庙整体上是宋代建筑。

**图 5-32　微山伏羲庙伏羲殿伏羲塑像（王均霞 2019 年 7 月 25 日摄）**

　　此为山东省济宁市微山伏羲庙伏羲殿内伏羲塑像，塑于 1995 年。塑像整体为沉金色，为伏羲坐像。伏羲头上有角，脚下有坐骑，手中似持规，塑像被置于神龛之上，神龛整体为大红色，饰以金色的花纹、黑色的立柱。神龛门楣正中书"人伦之始"。黑色立柱从左至右，书"立极同天德合乾坤万事文祖　开物成务道传今古百王仪则"。

**图 5-33　微山伏羲庙女娲殿女娲塑像（王均霞 2019 年 7 月 25 日摄）**

　　此为山东省济宁市微山伏羲庙伏羲殿后女娲殿内塑像，塑于 1997 年。女娲于红色的神龛之内，身披霞帔，目视前方，其前饰以金黄色帷幔，神龛上方黑底红字书"女娲补天"。

图 5-34 "凤凰山是画卦山"（王均霞 2019 年 7 月 25 日摄）

　　此壁画为山东省济宁市微山县两城镇伏羲庙附近村落街头壁画。① 壁画中画出了当地的凤凰山，并用文字说明"凤凰山是画卦山"。凤凰山即东凫山，古代也称"画卦山"，传为伏羲创八卦之地。当地人也普遍认为，东凫山和西凫山是伏羲女娲滚磨成亲之处。

---

　　① 本章其他街头壁画均为微山县两城镇伏羲庙附近村落街头壁画。特此说明。

**图 5-35　伏羲功绩之"创造书契以代结绳之政"**（王均霞 2019 年 7 月 25 日摄）

此壁画中，伏羲上身着树叶衣，下身着兽皮衣，盘腿坐于一块岩石草垫之上，眉眼低垂，似在书写。

**图 5-36　伏羲功绩之"象天地以创八卦"**（王均霞 2019 年 7 月 25 日摄）

　　此壁画中，远处是当地凤凰山和树林，伏羲头上生角，头上有光晕，上半身着树叶衣，下半身着兽皮衣，右手持太极八卦，左手亦持物，似在思考。

**图 5-37　伏羲功绩之"结网罟以教民渔猎"**（王均霞 2019 年 7 月 25 日摄）

此壁画中，远处是当地凤凰山，近处是穿树叶衣和兽皮衣的两个人正在撒网，旁边文字说明"伏羲功绩之结网罟以教民渔猎"。

图 5-38　伏羲功绩之"制嫁娶肇启文明"（王均霞 2019 年 7 月 25 日摄）

此壁画中，远处是携手飞在天空中的男女，还有抬着礼物、歌舞的人们，似是嫁娶之场景，旁边是当地凤凰山，近处是长发裸上半身、下半身穿兽皮衣的伏羲和一位裸上半身、下半身穿树叶衣的女性交谈的情形。

图 5-39　伏羲功绩之"正姓氏以别姻缘"（王均霞 2019 年 7 月 25 日摄）

此壁画画的是微山两城伏羲庙，远处是凤凰山，想要表达伏羲"正姓氏以别姻缘"的创世功绩。此壁画通过将当地景观伏羲庙和凤凰山纳入画中，进一步明确伏羲与微山县的关系。

**图 5-40　伏羲功绩之"尝百草而制九针"（王均霞 2019 年 7 月 25 日摄）**

此壁画中，伏羲长发蓄须，坐于野外石前，石上摆了野果，伏羲似在品尝，其所表现的是伏羲"尝百草而制九针"的功绩。

图 5-41　伏羲功绩之"建房屋成大聚落"（王均霞 2019 年 7 月 25 日摄）

此壁画仍然将场景设置在当地凤凰山脚下，可以看到聚集在一起的房屋，以及忙碌的人们。旁边文字为"伏羲功绩之建房屋成大聚落"。

图 5-42　伏羲功绩之"作甲历始有年月"（王均霞 2019 年 7 月 25 日摄）

此壁画中，伏羲上半身着树叶衣，下半身着兽皮衣，坐于山峦之上，头背后有光晕，周围云气翻腾，有动感。旁边文字提示其所表现的是伏羲作历法以纪年月的创世功绩。

**图 5-43　伏羲功绩之"造琴瑟摊庆升华"（王均霞 2019 年 7 月 25 日摄）**

此壁画中有远山、绿树，远处有舞蹈弹乐器的人们和燃烧的篝火，近处是弹琴的人们，表现的是伏羲造琴瑟的创世功绩。

**图 5-44　伏羲功绩之"钻木取火以教人熟食"（王均霞 2019 年 7 月 25 日摄）**

此壁画中，伏羲长发，下半身着树叶衣，正在钻木取火，远处人们正用火烹制食物，展示伏羲钻木取火的创世功绩。

**图 5-45　伏羲功绩之"制礼仪以教化万民"**（王均霞 2019 年 7 月 25 日摄）

此壁画中，不远处为当地凤凰山，伏羲头上生角，上身披树叶蓑衣，下身着兽皮衣，旁有一人向其拱手。旁边文字为"伏羲功绩之制礼仪以教化万民"。

**图 5-46　伏羲功绩之"以龙命官以分理海内"**（王均霞 2019 年 7 月 25 日摄）

此壁画中，伏羲头上生角，裸上身，下身穿兽皮衣，坐于兽皮椅上，左脚边有一条龙，右脚边跪一人，伏羲正与其交流。旁边文字为"伏羲功绩之以龙命官以分理海内"。

图 5-47　伏羲功绩之"定四方并分四季"（王均霞 2019 年 7 月 25 日摄）

此壁画中，伏羲长发，下半身穿树叶衣，正在画太阳和月亮，远处人们正在耕种渔猎，其所表现的是伏羲"定四方并分四季"的创世功绩。

图 5-48　女娲功绩之"抟土造人"（王均霞 2019 年 7 月 25 日摄）

此壁画中，女娲面容俊秀，梳高髻，穿桃红色衣服，正抟土造人，其周围有若干跳跃的小人。此壁画也选取了当地凤凰山入画。

图 5-49　女娲功绩之"女娲补天"（王均霞 2019 年 7 月 25 日摄）

此壁画中，女娲长发，穿红色衣服，飞翔于红色的云海之上，双手擎起补天石。旁边文字为"女娲功绩之女娲补天"。

图 5-50　女娲功绩之"始创笙簧"（王均霞 2019 年 7 月 25 日摄）

此壁画中，在野外的空旷之地有一男一女，男的在吹笙，女的在舞蹈。旁边文字为"女娲创世功绩之始创笙簧"。典籍与民间传说中多有女娲置婚姻、制笙簧的记载。

**图 5-51　伏羲女娲图（王均霞 2019 年 7 月 25 日摄）**

此壁画位于东寨村通往伏羲庙的街道上，靠近 104 省道。该壁画整体介绍了伏羲、女娲的创世功绩。伏羲在左，为坐像，画像参考了南宋马麟所画伏羲像。伏羲凤目长髯，身披兽皮，端坐野外，神态宁静，似在沉思。其左脚边有一八卦，右脚边有一只乌龟。女娲在右，长发，着红衣，呈飞翔姿态。文字简介说，"华夏民族　人文先始"，"伏羲是三皇之首，百王之先，创造了中华民族的图腾龙、八卦、鱼网、结绳纪事等。又制定了嫁娶和姓氏，防止乱婚娶和近亲结婚。伏羲是中华民族人文始祖。女娲又称娲皇，福佑社稷之正神，被誉为东方始母，她创造了人类化育了人类"。

**图 5-52 女娲补天（王均霞 2019 年 7 月 25 日摄）**

此壁画中，女娲人首蛇身，长发，着树叶衣，双手举起补天石。周边还饰有火焰、云朵与山峦。其所表现的是女娲补天的创世功绩。

图 5-53　女娲斩黑龙（王均霞 2019 年 7 月 25 日摄）

此壁画中，龙、蛇等兽类正在残害人类，一旁为农家菜园遮挡的红面女娲手在嘴边，露出难过悲悯的表情。其所表现的是女娲斩黑龙的创世功绩。

图 5-54　女娲止洪水（王均霞 2019 年 7 月 25 日摄）

此壁画中，女娲长发，人首蛇身，腰间着树叶衣，正拿芦灰止洪水。旁边文字说，"虽然补好天之后，洪水泛滥，给人间带来了无尽的灾难，人们流离失所。女娲为了堵住洪水漫流，收集了大量芦草，把它烧成灰，埋塞四处蔓延的洪流，疏通了河流，治理了水患"。

# 九、山东邹城羲皇庙遗址、伏羲女娲广场雕像<sup>①</sup>与街头壁画

**图 5-55 羲皇庙遗址（王均霞 2019 年 7 月 22 日摄）**

此为山东省济宁市邹城郭里镇爷娘庙村东凫山山麓的羲皇庙遗址。羲皇庙庙宇规模宏大，是鲁西南地区最大的祭祀伏羲女娲的古建筑群，始建年代不详，民国与"文革"时期经历次破坏，现仅存遗址。遗址上还有 5 根八棱石柱，4 座龟驮石碑及若干庙宇建筑石基。但庙宇遗址香火仍然十分旺盛。

---

① 关于伏羲女娲的广场雕像，整体放在了第六章中，但为了保持邹城郭里镇羲皇庙整体景观的完整性，依托羲皇庙而建的伏羲女娲广场景观将放在本章呈现。特此说明。

**图 5-56　伏羲女娲雕像（王均霞 2019 年 7 月 22 日摄）**

　　此雕像位于邹城郭里镇朝拜广场，离羲皇庙遗址不远。雕像中，伏羲为站像，长发蓄须，裸上半身，下半身穿兽皮衣，双手持太极八卦。女娲雕像较伏羲小，人首蛇身，长发，立于祥云之上，双手托举五色石。

**图 5-57　女娲雕像（王均霞 2019 年 7 月 22 日摄）**

此雕像位于邹城郭里镇朝拜广场之下的许愿池。雕像为白色，女娲人首蛇身，长发，双手托举起五色石。

**图 5-58　"滚磨成亲"（王均霞 2019 年 7 月 22 日摄）**

　　此壁画为位于邹城郭里镇爷娘庙庙西村党群服务中心附近墙壁上。当地流传着伏羲、女娲分别从爷娘庙村的东凫山和西凫山滚磨成亲的神话。壁画中，伏羲在左，女娲在右，手里各有一磨盘，正相向而滚，配的文字为："滚磨成亲圣光德，补天纳地帝先皇。区别姓氏一风启，始完婚姻百姓昌。怒斗冀龙民不危，乐造笙簧世安享。辉发两祖日盈月，故地重兴阴抱阳。"

**图 5-59　"始画八卦　肇启文明"**（王均霞 2019 年 7 月 22 日摄）

　　该壁画位于邹城郭里镇爷娘庙庙西村党群服务中心墙壁上，壁画由绘画和薄石片贴成。伏羲为站像，长发蓄须，眼睛望向远方，头顶有太极八卦，不远处有日轮，日轮中有两只鸟，旁还有奔驰飞翔的龙马，地下是苍茫流水。另一面墙上有文字说，"《易·系辞下传》述古誉伏羲氏之造天下也，仰则观象于天，俯则观象于地，观春秋之交接。近取之身，远议诸物，于是始画八卦，以通神明之德，以类万物之情。旻说伏羲氏通过天地万物等自然现象创造了八卦，揭示了自然界中万事万物运行变化的规律，是中华文化史上的伟大创举"。

**图 5-60 "结网佃渔"（王均霞 2019 年 7 月 22 日摄）**

  该壁画位于邹城郭里镇爷娘庙庙西村党群服务中心墙壁上，伏羲是坐而结网的形态。旁边文字说，"《抱朴子》说伏羲氏师蜘蛛而结网。《易系辞下传》述庖羲氏之王天下也，创结绳而为网罟以佃以渔。伏羲氏受蜘蛛结网的启示发明了网罟。人类开始用网捕鱼套猎，使生产有了较大的发展"。

**图 5-61 "流水造田"（王均霞 2019 年 7 月 22 日摄）**

　　该壁画位于邹城郭里镇爷娘庙庙西村党群服务中心不远处的一户人家墙上。画面中的伏羲氏手持农具，文字内容为"《甘肃人物志》说：伏羲氏命粟陆氏繁滋草木，疏导流水毋急于时，命阴康氏主水工屯田，进行刀耕火种，播耕植疏形成了原始农业的初形"。

**图 5-62　"女娲补天"（王均霞 2019 年 7 月 25 日摄）**

　　该壁画位于邹城郭里镇爷娘庙庙西村党群服务中心墙壁上。女娲长发，人首蛇身，飞翔于云间，双手托举补天石补天。旁边文字赞颂了伏羲、女娲功德，并将其与郭里镇联系起来。

## 十、山东嘉祥长直集伏羲庙伏羲女娲塑像

图 5-63　长直集伏羲庙（王均霞 2019 年 7 月 26 日摄）

　　此为山东省济宁市嘉祥县长直集伏羲庙。该庙始建年代不详，据村里人介绍，此庙于 2012 年开始重建，2018 年建成。此庙不仅供奉伏羲女娲，还供奉穆桂英等杨家将诸位。平常关门，每月初一、十五多有周边居民去烧香。

**图 5-64  伏羲女娲塑像（王均霞 2019 年 7 月 26 日摄）**

此塑像为嘉祥县长直集伏羲庙内伏羲、女娲塑像。伏羲在左、女娲在右，伏羲帝王装扮，披黄袍，女娲凤冠霞帔。

# 十一、山西洪洞侯村娲皇陵庙伏羲女娲塑像

图 5-65　侯村娲皇陵庙正门（王旭 2019 年 8 月 11 日摄）

此为山西省洪洞县赵城镇侯村娲皇陵庙正门。娲皇陵庙原址坐落于侯村东北的高台之上，格局为前庙后陵，相传这里是女娲的埋葬之地。自宋乾德四年（966 年），宋太祖诏令派守陵人五户春秋奉祀时起，此庙就成为历代帝王认定和祭祀的皇家陵庙。①

---

① 王旭：《山西省洪洞县赵城镇侯村女娲伏羲神话调查报告》，未刊稿。

**图 5-66　侯村娲皇陵庙娲皇宝殿女娲塑像（王旭 2019 年 8 月 11 日摄）**

此为侯村娲皇陵庙娲皇宝殿女娲塑像，2002 年由佛教居士捐赠。女娲坐于莲花座之上，头戴冕旒，披红袍，右手持杨枝，似帝王又似菩萨。

图 5-67　女娲补天（王旭 2019 年 8 月 11 日摄）

此塑像位于侯村娲皇陵庙内，由佛教居士捐赠。塑像为白色，女娲为完全的人形，长发，坐于凤凰背上，双手举起补天石。

图 5-68　伏羲塑像（王旭 2019 年 8 月 11 日摄）

　　此塑像位于山西省洪洞县赵城镇北伏牛村羲皇庙伏羲殿内。此塑像中，伏羲坐于牛身上，相貌英武，着绿袍，手持八卦，其背后亦为八卦图像。据清乾隆年间《赵城县志》记载，伏羲氏在北伏牛村"伏牛乘马，旁有伏牛台，故土人庙缩之"。①

---

①　李升阶：《赵城县志》，清乾隆二十五年，国家图书馆网站。

## 十二、山西霍州娲皇庙伏羲女娲塑像与壁画

**图 5-69　霍州娲皇庙伏羲塑像（孙伟伟 2019 年 12 月 19 日摄）**

　　此塑像位于山西省霍州市大张镇贾村娲皇庙内。霍州娲皇庙是国家级重点文物保护单位。其创建年代不详，清同治四年（1865 年）重修。[①]塑像中，伏羲盘腿而坐，浓眉高挑，蓄须，梳髻，相貌威严，手持太极，身后有八卦，祥云间青龙、白虎奔腾。

---

　　①　壁画艺术博物馆编：《山西古代壁画珍品典藏》卷 6（清代），山西经济出版社 2016 年版，第 1 页。

**图 5-70　霍州娲皇庙伏羲画卦塑像（孙伟伟 2019 年 12 月 19 日摄）**

　　此塑像位于娲皇庙内。伏羲长发浓眉，神情肃穆，席地而坐，正在画八卦，其身后有两平民模样的人在观看议论。

**图 5-71　霍州娲皇庙女娲补天塑像（孙伟伟 2019 年 12 月 19 日摄）**

此塑像位于霍州娲皇庙内。女娲面目清秀，衣袂飘飘，飞翔于云端，左手举补天石，周围是围观的群众。女娲正望向围观的群众。

**图 5-72　霍州娲皇庙女娲造人塑像（孙伟伟 2019 年 12 月 19 日摄）**

此塑像位于霍州娲皇庙内。女娲着黄色衣服，似普通妇人。同时呈现了女娲传土造人与女娲甩泥浆造人的情形，以及孩童奔向女娲的情景。

**图 5-73　霍州娲皇庙女娲斩黑龙塑像（孙伟伟 2019 年 12 月 19 日摄）**

此塑像位于霍州娲皇庙内。穿红色披风的女娲站在云端，双手各持一剑，左手的剑刺向黑龙。天空中似电闪雷鸣，地上是在围观的群众。

**图 5-74 《万世母仪图》局部 ①**

　　霍州娲皇庙内存有清代壁画，总面积达 71.17 平方米，表现的是娲皇圣母宴请百官司时宫廷内忙碌的景象，是清代寺观壁画中的上乘之作。此为壁画《万世母仪图》局部。中间为娲皇圣母坐像，左右各站一侍女、二文吏。

---

　　① 壁画艺术博物馆编：《山西古代壁画珍品典藏》卷 6（清代），山西经济出版社 2016 年版，第 12—13 页。图像说明亦参考该书。

图 5-75 《开天立极图》局部 ①

　　此为壁画《开天立极图》局部。中间为娲皇圣母站像。娲皇圣母头戴凤冠，两宫女各持羽扇、宫扇侍立两侧，各路神仙或帝王相互道贺，左右上角各有一只伏飞的凤凰。

---

　　①　壁画艺术博物馆编：《山西古代壁画珍品典藏》卷 6（清代），山西经济出版社 2018 年版，第 16—17 页。图像说明亦参考该书。

# 第六章　其他伏羲女娲图像

本章将呈现以上类别之外的其他伏羲女娲图像，如广场景观中的伏羲女娲图像、年画中的伏羲女娲图像等。

## 一、广场景观中的伏羲女娲图像

图 6-1　甘肃天水火车站伏羲雕像（张毅 2021 年 9 月 23 日摄）

此雕像位于甘肃省天水火车站站台。雕像中，伏羲大眼，蓄须，着树叶衣，端坐，微微仰头，左手放在左膝盖上，右手持八卦。在这里，伏羲被定义为"人文始祖"。

**图 6-2　甘肃天水火车站女娲雕像（张毅 2021 年 9 月 23 日摄）**

　　此雕像位于甘肃省天水火车站站台。雕像中，女娲为年轻女性的形象，为完全的人形，正坐着造人，左手中有一刚刚成形的小人。在这里，女娲被定义为"人类创造者"。

**图 6-3　陕西中华郡文化旅游景区女娲补天塑像（张毅 2021 年 9 月 23 日摄）**

　　此为陕西省中华郡文化旅游景区里的女娲补天塑像。塑像营造了乱石纷飞的情景，女娲长发、人首蛇身，右手擎一块补天石。

**图 6-4　上海大宁公园女娲补天雕像（程鹏摄）**

　　此雕像位于上海市大宁公园内。女娲人首蛇身，双手擎起补天长石。雕像充满了动感。

图 6-5　河南三门峡市灵宝西站广场女娲补天石柱（张毅 2021 年 9 月 26 日摄）

　　此为河南省三门峡市灵宝西站广场石柱上的女娲补天图像。女娲人首蛇身，长发，双手擎起补天石。画面颇具动感。

**图 6-6　河北邯郸方特国色春秋女娲补天项目外景（孙伟伟 2020 年 7 月 16 日摄）**

　　此塑像为河北省邯郸市方特国色春秋主题乐园"女娲补天"项目外景，位于邯郸市漳河生态科技园区。塑像中的女娲长发，人首蛇身，双手举起，似擎补天石。

## 二、年画中的伏羲女娲图像

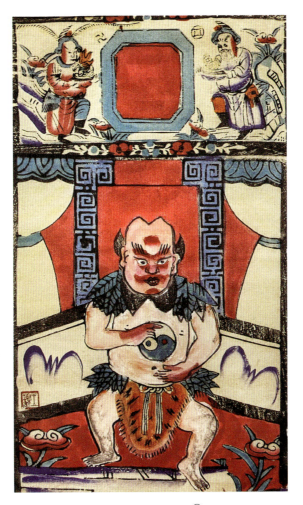

**图 6-7　伏羲纸马** ①

此纸马由王树村先生收藏，为江苏无锡地区清代纸马，纵 41 厘米、横 25 厘米，木版套印。纸马中，伏羲头上有洼陷，身穿树叶衣和兽皮衣，呈坐姿，手持太极。

---

① 王海霞主编，薄松年、赵文成分卷主编：《中国古版年画珍本：江苏浙江上海卷》，湖北美术出版社 2015 年版，第 274 页。

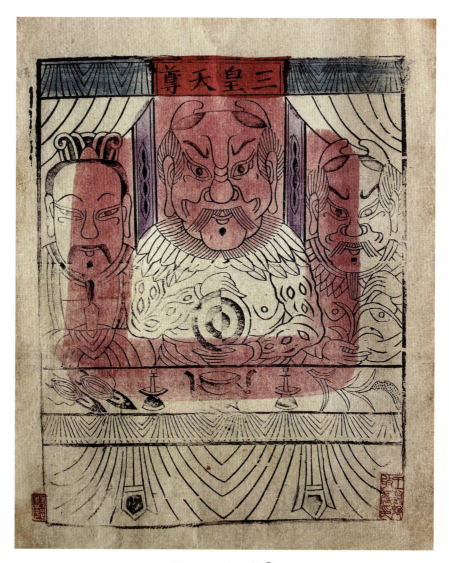

图 6-8　三皇天尊 ①

　　此纸马由王树村先生收藏，为清代墨版手绘纸马，纵 29.5 厘米、横 24 厘米。纸马中，三皇分别为伏羲、神农、轩辕。伏羲头生角，着树叶衣，持太极八卦居中，神农持禾苗居伏羲左，轩辕持圭居伏羲右。

---

　　①　王海霞主编、刘莹分卷主编：《中国古版年画珍本：北京卷》，湖北美术出版社 2015 年版，第 65 页。

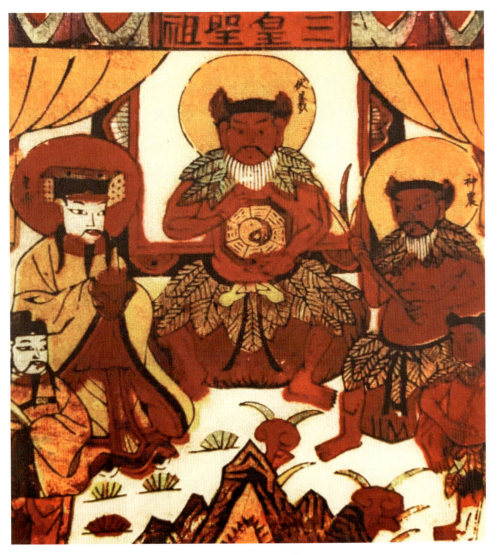

图 6-9　三皇圣祖 ①

　　此纸马藏于俄罗斯圣彼得堡宗教历史博物馆，为民国时期河南开封地区木版套印年画，纵 26 厘米、横 21 厘米。纸马中，伏羲头生角蓄须，穿树叶衣，手持八卦坐于中间，神农持禾苗居伏羲左，黄帝手中亦持物，居伏羲右。

———————————

　　① 王海霞主编，薄松年、任鹤林分卷主编：《中国古版年画珍本：河南卷》，湖北美术出版社 2015年版，第 291 页。

图 6-10　三皇纸马 ①

　　此纸马纵 25 厘米、横 41 厘米，为清代纸马。纸马中，伏羲头上生角，蓄须，着树叶衣，手持八卦。其左边为燧人氏，手中握蛇，其右边为神农氏，手中持禾穗。

---

　　① 王树村编著：《中国传统行业诸神》，外文出版社 2004 年版，第 16 页。

图 6-11 三皇十代明医图 ①

　　此纸马为北京地区的墨线版印画，纵 50 厘米、横 49 厘米。纸马上印三皇和十代名医。中间为伏羲，头上生角，额头有月牙形状的图案，着树叶衣，手中持物。

---

① 王树村编著：《中国古代民俗版画》，新世纪出版社 1992 年版，第 41 页。

图 6-12　女娲补天图（王均霞 2022 年 2 月 23 日摄）

　　此年画由山东潍坊杨家埠"正金堂"创作出品，刘永梅绘、杨颖伟刻。年画同时融合了祝融与共工大战、共工怒撞不周山、女娲补天等元素，充满了叙事性。双手擎石补天的女娲处于画面中央，为完全的人形，长发，戴花环，穿树叶衣。

# 三、其他

**图 6-13　象牙伏羲像** [1]

此为清代象牙雕像，现藏于上海中医药大学医史博物馆，通高 19 厘米，座宽 7.5 厘米。伏羲头上长角，眉毛上挑，穿树叶衣，手持八卦。传说伏羲"尝味百药而制九针"，被尊为中国医药鼻祖之一。

---

[1]　傅维康、李经纬、林昭庚主编：《中国医学通史·文物图谱卷》，人民卫生出版社 2000 年版，第13 页。

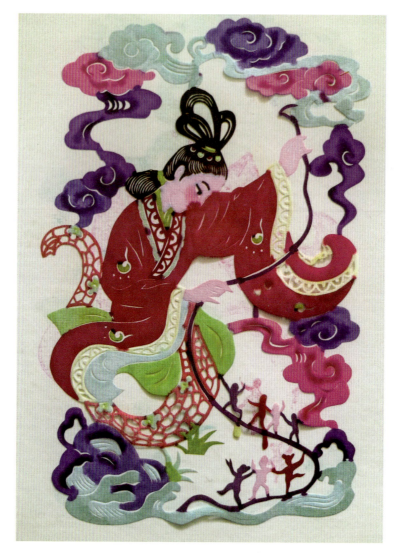

**图 6-14　女娲造人剪纸** [①]

　　此剪纸为《中国精品剪纸——远古神话》剪纸中的第二张，其余为盘古开天、精卫填海、夸父逐日、后羿射日、嫦娥奔月。该剪纸为套色剪纸，女娲人首蛇身，相貌俊美，梳髻，着宽袖衣服，正甩绳造人。旁引典籍文字说，女娲"抟黄土作人。剧务，力不暇供，乃引绳于泥中，举以为人"。

---

[①]　参见《中国精品剪纸——远古神话》，相关信息均缺失。

**图 6-15　女娲补天（涉县娲皇宫，孙伟伟 2020 年 7 月 16 日摄）**

　　旅游纪念品中也颇多伏羲女娲图像。此为河北省涉县娲皇宫旅游纪念品上的女娲补天图像。女娲头戴花环，面容俊秀，衣袂飘飘，双手举起补天石。

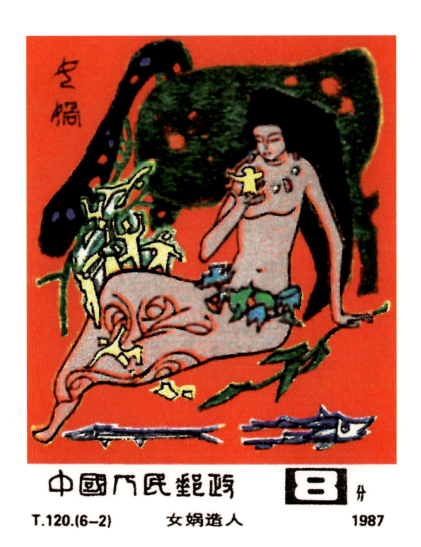

图 6-16　女娲造人邮票（王均霞 2022 年 2 月 23 日摄）

此为 1987 年发行的《中国古代神话》特种邮票中的第二张，其余的邮票依次为盘古开天、羿射九日、嫦娥奔月、夸父逐日、精卫填海。此邮票呈现的是女娲造人的神话。图像中呈现的是女娲坐像，长发，腰间以树叶蔽体，左手持一树枝，右手举一小人在眼前。其身旁有一群人，还有象征生殖繁盛的鱼和果树，有厚重古拙感。

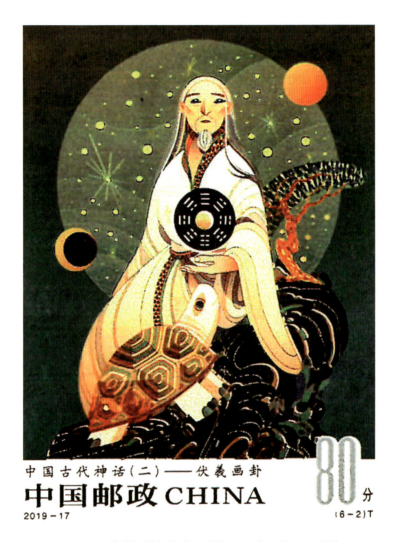

**图 6-17　伏羲画卦邮票（王均霞 2022 年 2 月 23 日摄）**

　　此为中国邮政发行的《中国古代神话（二）》特种邮票中的第二张，其余的邮票依次为燧人取火、神农尝百草、嫘祖始蚕、仓颉造字、大禹治水。此邮票呈现的是伏羲画卦的神话。图像中的伏羲呈坐姿，须发皆白，左手持八卦，身前有白龟。图像中还融合了日月星辰等元素，有很强的卡通感、年轻态。

**图 6-18　女伏羲祖（桂平市下湾镇杨村，王群韬提供）**

　　此为广西省桂平市下湾镇杨村自然村的女伏羲祖。塑像为女性，其神态恬淡安详，手中有持物，像前有莲花。

**图 6-19 地母娘娘（桂平市下湾镇杨村，王群韬提供）**

　　此为广西省桂平市下湾镇杨村自然村的地母娘娘。塑像为坐像，其双手放于膝盖之上，神态恬淡安详，像前有莲花等。

# 结　语


在漫长的时光绵延中，人们创造了数量可观的伏羲女娲创世神话图像。这其中既包括研究者投以巨大研究热情、以汉画像石为代表的墓室祠堂绘画中的伏羲女娲图像，也包括其他尚未得到充分关注的名家绘画、古典插图、庙宇塑像与壁画、广场景观图像以及年画等不同载体中的伏羲女娲图像。如果从时间与类型两方面进行细致梳理，不难发现伏羲女娲创世神话图像的谱系性。限于作者的学识、时间以及精力，本文目前尚无力对伏羲女娲创世神话图像进行充分的收集、整理与研究，但从作者已经收集到的资料，仍然可以得出一些大致的结论。

第一，从时间角度来看，以墓室祠堂绘画作为现存伏羲女娲创世神话图像的起点，伏羲女娲神话图像在继承传统的同时，也因应不同的时代背景与功能而呈现出多元性。从西汉末期一直延续到隋唐时期的墓室祠堂绘画所呈现的伏羲女娲整体上保持了对偶神的样态。他们通常都是人首蛇身，上半身保持了正常的人形，衣饰整齐，与其所在区域服饰相类，下半身则常常是蛇尾兽足。他们手中分别持规矩、日月或者是灵芝、仙草、华盖等，仅通过伏羲女娲的面部特征通常无法清晰地区分二者，需要更多地倚赖二者的发饰、手中持物等来综合判断。作为引领逝者升仙的仙界神灵，伏羲女娲的具体创世功绩并未得到特别描述，但在武梁祠西壁列于三皇五帝之首的伏羲女娲画像旁边的文字——"伏戏（羲）仓（苍）精，初造王业，画卦结绳，以理海内"，透露了当时的人们对伏羲女娲的具体创世功绩的稔熟。魏晋以来的名家绘画、古典插图中的伏羲女娲不再作为对偶神，而是作为独立的神灵出现，墓室祠堂中作为判断伏羲女娲的重要标志物如规矩、日月等几乎不再出现。伏羲也不再与蛇尾兽足紧密相连，而是有了正常的人的手足，但经常头部生角或头顶凹陷，呈现异象。伏羲制八卦等创世功绩被频繁展示，并逐渐稳定地与八卦联系起来。女娲既有完全的人形，又不乏保持蛇尾者，但兽足几乎不再出现了。女娲补天等创世功绩在图像中占据主导。同时，伏羲女娲本身的性别特征也日趋明显，从生理特征到装扮，伏羲勇武坚毅的男性特征与女娲外柔内刚的女性特征不断凸显。民国至今，由于伏羲女娲图像存留与创造数量的增多，伏羲女娲的形象更为多元，从中能更为清晰地看到图像因所处情境、所承担功能的不同而形象殊异。整体来说，伏羲几乎不再以人首蛇身的形象呈现，但头部生角的图像却极为常见，同时伏羲与八卦密切关联，庙宇塑像、广场雕像、年画等载体形式中，伏羲几乎总是手持八卦。而女娲保持了人形和人首蛇身两种，庙宇塑像中的女娲基本上都是人形，呈菩萨相，但广场雕塑、小人书等载体中的女娲却以人首蛇身的样态为多，女娲的创世功绩在立体图像中的展示集中于补天和造人，尤以补天为多。

第二，从类型角度来看，如前所述，这些不同类型的伏羲女娲图像一方面因与书面、口述文本具有互文性而具有内在一致性；另一方面，又因其不同的受众、功能、地域与时代等而表现出很强的差异性。从其一致性的一面来说，伏羲、女娲图像整体上都趋向于呈现伏羲女娲作为始祖神的创世功绩。墓室祠堂绘画以伏羲、女娲手持规矩以及交尾等方式来呈现伏羲、女娲的创世功绩，其他类型的伏羲、女娲画像均着力于呈现伏羲制八卦、女娲补天和抟土造人等功绩。从其差异性的一面来看，不同类型的伏羲、女娲图像在细节上的差别明显。例如，墓室祠堂绘画中的伏羲、女娲通常以对偶神的形式出现，伏羲、女娲主要为人首蛇身，上半身为正常的人形，不具异相，伏羲、女娲的生理性别特征比较模糊。其手中通常有规矩、日月及灵芝、仙草、华盖等持物。其功能主要是引导逝者升仙。在古籍插图中，伏羲、女娲通常作为独立的神灵存在。伏羲不再有蛇尾，而呈现出正常的人形或者头上生角（或头顶凹陷），通常穿树叶衣。图像表现的往往是其创制八卦、制琴等创世功绩，也涉及其身世。女娲则人首蛇身和为人形的形象参半，女娲斩黑龙、炼石补天、抟土造人等创世功绩常常被提及。但在古籍插图中，伏羲女娲图像作为文字内容的视觉呈现形式，较之其他类型的伏羲女娲图像有更强的叙事性。在庙宇塑像中，伏羲常常头上生角，或坐或立，手中常常持八卦，女娲为正常的人形，或坐或立，呈明显的菩萨相，女娲手中及其周围常有若干小娃娃，女娲所具有的孕育功能被凸显。另外，在庙宇塑像中，一些伏羲、女娲还头戴冕旒，呈帝王相。

　　总而言之，伏羲女娲创世神话图像在时间与类型两个方面都表现出明显的谱系性，是伏羲女娲神话研究中不可忽视的一部分，它本身也呈现出一些独特的特质，相关研究有待进一步深入。

# 主要参考文献

## 一、古籍

（明）仇英：《帝王道统万年图》。

（明）周游：《新刻按鉴开辟衍绎通俗志传》（《开辟演义》），古吴麟瑞堂刊本。

（明）钟惺辑、冯梦龙鉴定：《盘古至唐虞传》，金陵余季岳刊本。

（明）郭璞注、蒋应镐绘图：《山海经》，明万历时期刊本。

（明）钟惺辑、冯梦龙鉴定：《有夏志传》第 1 卷，明金陵书林余季岳刊本。

（明）《封神演义》，明舒文渊刻本。

（明）王圻、王思義撰辑：《三才图会》，明万历三十七年原刊本。

（清）《廿四史通俗演义》，光绪庚寅广百宋斋石印本。

（清）张继宗、黄掌纶同订：《神仙通鉴》第 1 卷。

（清）萧云从：《离骚图》，徽派刻工汤用先刻板。

## 二、著作

安丘县文化局、安丘县博物馆编：《安丘董家庄汉画像石墓》，济南出版社 1992 年版。

陈竟、赵铁信编：《中国当代剪纸精品集》，中国轻工业出版社 2012 年版。

敦煌研究院编：《敦煌石窟艺术》，江苏人民出版社 1994 年版。

傅惜华、陈志农编辑：《山东汉画像石汇编》，山东画报出版社 2012 年版。

傅维康、李经纬、林昭庚主编：《中国医学通史·文物图谱卷》，人民卫生出版社 2000 年版。

高文主编：《中国画像石棺全集》，三晋出版社 2011 年版。

《古本小说集成》编委会：《古本小说集成》第 3 辑 45（列国前编十二朝），上海古籍出版社 2017 年版。

顾森主编：《中国汉画像拓片精品集》，西北大学出版社 2007 年版。

郭馨、廖东编：《中国历代人物像传续编》1，齐鲁书社 2014 年版。

胡进杉、叶淑慧文字撰述：《天上人间：儒释道人物版画图绘特展》，台北故宫博物院 2009 年版。

湖南省博物馆编：《长沙马王堆汉墓陈列》，中华书局 2017 年版。

凌皆兵、王清建、牛天伟主编：《中国南阳汉画像石大全》第 2 卷，大象出版社 2015 年版。

（汉）刘安等编著、（汉）高诱注：《淮南子》，上海古籍出版社 1989 年版。

刘惠萍：《伏羲神话传说与信仰研究》，陕西师范大学出版社 2013 年版。

刘云涛编著：《莒县汉画像石》，齐鲁书社 2020 年版。

品丰、苏庆编：《历代寺观壁画艺术》第 1 辑（新绛稷益庙壁画、繁峙公主寺壁画），重庆出版社 2001 年版。

任伯年绘、肖威选编：《任伯年人物精品选》2，江西美术出版社 2002 年版。

山东省博物馆、山东省文物考古研究所编：《山东汉画像石选集》，齐鲁书社 1982 年版。

闪修山、陈继海、王儒林编：《南阳汉代画像石刻》，上海人民美术出版社 1981 年版。

田兆元、唐睿、毕旭玲：《中华创世神话人物图像谱系》，上海人民出版社 2020 年版。

闻一多：《神话与诗》，上海人民出版社 2005 年版。

徐凯凯编著：《顾恺之·洛神赋图》，湖北美术出版社 2013 年版。

徐英毅主编：《徐州汉画像石》，中国世界语出版社 1995 年版。

（魏）王弼、韩康伯注，（唐）孔颖达等正义，黄侃经文句读：《周易正义》，上海古籍出版社 1990 年版。

王海霞主编，薄松年、赵文成分卷主编：《中国古版年画珍本：江苏浙江上海卷》，湖北美术出版社 2015 年版。

王海霞主编、刘莹分卷主编：《中国古版年画珍本：北京卷》，湖北美术出版社 2015 年版。

王海霞主编，薄松年、任鹤林分卷主编：《中国古版年画珍本：河南卷》，湖北美术出版社 2015 年版。

王树村编著：《中国传统行业诸神》，外文出版社 2004 年版。

王树村编著：《中国古代民俗版画》，新世纪出版社 1992 年版。

（明）许仲琳：《绣像封神演义》上，山东画报出版社 2003 年版。

（东汉）王逸撰、黄灵庚点校：《楚辞章句》，上海古籍出版社 2017 年版。

杨利慧：《女娲的神话与信仰》，中国社会科学出版社 1997 年版。

杨永青：《历代写意人物画欣赏》，上海人民美术出版社 1985 年版。

赵华编：《吐鲁番古墓葬出土艺术品》，新疆美术摄影出版社 1992 年版。

（汉）赵君卿注、（北周）甄鸾重述、（唐）李淳风注：《周髀算经》，商务印书馆 1937 年版。

曾昭燏、蒋宝庚、黎忠义合著：《沂南古画像石墓发掘报告》，文化部文物管理局 1956 年版。

《中国历代绘画图谱　人物鞍马》，上海人民美术出版社 1996 年版。

中国美术全集编辑委员会编：《中国美术全集·绘画编 1 原始社会至南北朝绘画》，人民美术出版社 1986 年版。

中国美术全集编辑委员会编：《中国美术全集·绘画编 2 隋唐五代绘画》，人民美术出版社 1986 年版。

《中国画像石全集》第 1 卷（山东汉画像石），山东美术出版社 2000 年版。

《中国画像石全集》第 2 卷（山东汉画像石），山东美术出版社 2000 年版。

《中国画像石全集》第 3 卷（山东汉画像石），山东美术出版社 2000 年版。

《中国画像石全集》第 4 卷（江苏安徽浙江汉画像石），山东美术出版社 2000 年版。

《中国画像石全集》第 7 卷（四川汉画像石），河南美术出版社 2000 年版。

《中国寺观壁画全集·元代寺观水陆法会图》，广东教育出版社 2011 年版。

《中国寺观壁画全集·元明清神祠壁画》，广东教育出版社 2011 年版。

朱锡禄编著：《武氏祠汉画像石》，山东美术出版社 1986 年版。

# 三、期刊文章

安徽省文物考古研究所、宿州市博物馆、苏州市文物管理所：《安徽宿州金山寨汉代画像石墓发掘简报》，《中原文物》2021 年第 1 期。

安徽省文物考古研究所、安徽省萧县博物馆：《安徽萧县陈沟墓群（东区）发掘简报》，《东南文化》2013 年第 1 期。

陈静：《新疆丝路考古精品集萃——"千古探秘——考古与发现"展品选（上）》，《荣宝斋》2010 年第 3 期。

陈昆麟、孙淮生、刘玉新、杨燕、李付兴、吴明新：《山东东阿县邓庙汉画像石墓》，《考古》2007 年第 3 期。

重庆市文化遗产研究院、江津区文物管理所：《重庆市江津区大路山东汉至蜀汉砖室墓发掘简报》，《四川文物》2019 年第 6 期。

重庆市文化遗产研究院、璧山区文物管理所：《重庆市璧山区蛮洞坡崖墓群 M1 发掘简报》，《四川文物》2018 年第 1 期。

大同市考古研究所：《山西大同沙岭北魏壁画谬发掘简报》，《文物》2006 年第 10 期。

关天相、冀刚：《梁山汉墓》，《文物参考资料》1955 年第 5 期。

霍宝臣：《浚县贾胡庄东汉画像石墓》，《中原文物》2000 年第 4 期。

孔令忠、侯晋刚：《记新发现的嘉峪关毛庄子魏晋墓木板画》，《文物》2006 年第 11 期。

洛阳博物馆：《洛阳西汉卜千秋壁画墓发掘简报》，《文物》1977 年第 6 期。

洛阳市文物工作队：《河南洛阳北郊东汉壁画墓》，《考古》1991 年第 8 期。

洛阳市第二文物工作队：《洛阳浅井头西汉壁画墓发掘简报》，《文物》1993 年第 5 期。

罗哲文：《孝堂山郭氏墓石祠》，《文物》1961 年第 Z1 期。

吕媛媛：《伏羲女娲图中天象刍议》，《收藏家》2020 年第 7 期。

吕占光：《酒钢公安处缴获伏羲、女娲画像砖》，《丝绸之路》2000年第3期。

［韩］闵丙勋：《韩国国立中央博物馆藏吐鲁番出土伏羲女娲图考》，朴文英译，《辽宁省博物馆馆刊》2006年第1辑。

沈天鹰：《洛阳博物馆新获几幅汉墓壁画》，《考古与文物》2006年第5期。

四川省文物考古研究院、宜宾市博物院、长宁县文物保护管理所：《四川长宁县缪家林东汉崖墓群M5发掘简报》，《四川文物》2015年第5期。

孙作云：《洛阳西汉卜千秋墓壁画考释》，《文物》1977年第6期。

王步毅：《安徽宿县褚兰汉画像石墓》，《考古学报》1993年第4期。

王德庆：《江苏发现的一批汉代画像石》，《文物》1958年第4期。

王黎琳、李银德：《徐州发现东汉画像石》，《文物》1996年第4期。

王思礼：《山东肥城汉画像石墓调查》，《文物》1958年第4期。

王炜林：《陕西神木大保当第11号、第23号汉画像石墓发掘简报》，《文物》1997年第9期。

王煜：《汉代伏羲、女娲图像研究》，《考古》2018年第3期。

王煜、皮艾琳：《"祭祀是居，神明是处"：临沂吴白庄汉画像石墓图像配置与叙事》，《艺术史研究》2021年第24辑。

# 四、其他

过文英：《论汉墓绘画中的伏羲女娲神话》，浙江大学博士毕业论文2007年。

王春梅：《魏晋棺板画上的伏羲女娲图》，《甘肃日报》2020年10月13日。

王晰：《甘肃考古发现的伏羲女娲图像整理》，西北师范大学硕士学位论文2015年。

王旭：《山西省洪洞县赵城镇侯村女娲伏羲神话调查报告》，未刊稿。